HEYNE <

© privat

Cordula Weidenbach, Jahrgang 1974, war nach ihrem Tourismusstudium neun Jahre in einer Veranstaltungsagentur tätig. Auf ihren beruflichen Reisen im In- und Ausland kam sie dabei mit zahlreichen Taxifahrern ins Gespräch. Fasziniert von deren oft außergewöhnlichen Erlebnissen beschloss sie, darüber ein Buch zu schreiben. Sie lebt mit ihrem Mann und zwei Kindern in München.

CORDULA WEIDENBACH

»OHNE GURT KOSTET 50 EXTRA!«

Die schrägsten Taxigeschichten

WILHELM HEYNE VERLAG
MÜNCHEN

MIX
Papier aus verantwortungsvollen Quellen
FSC® C014496
www.fsc.org

Verlagsgruppe Random House FSC® N001967
Das für dieses Buch verwendete FSC®-zertifizierte
Papier *Holmen Book Cream* liefert
Holmen Paper, Hallstavik, Schweden.

Originalausgabe 10/2013

Umschlaggestaltung: Büro Überland, München
unter Verwendung eines Fotos von Chris Keller /
bobsairport.com
Illustrationen: Wilfried Bohne
Satz: KompetenzCenter, Mönchengladbach
Druck und Bindung: GGP Media GmbH, Pößneck
Printed in Germany 2013
ISBN: 978-3-453-60270-0

www.heyne.de

Inhalt

Money, money!

Taximixt(o)ur

Vorwort

»Ohne Gurt kostet 50 extra!«

Mal ehrlich, schnallen Sie sich im Taxi gerne an? Ich nicht, das gebe ich zu. Auf dem Beifahrersitz sehe ich das ja noch ein, aber hinten? Es mag unvernünftig sein, aber ein Taxi gibt mir automatisch das Gefühl, absolut sicher befördert zu werden.

Als ich an diesem Abend bei Hubert einsteige und vom Oktoberfest nach Hause fahren möchte, nehme ich auf der Rückbank Platz und sage das Ziel an. Der Fahrer trägt einen Schnauzer, eine schwarze Lederjacke und ein Hemd in einer sehr mutigen Farbkombination mit Fleckenoptik. Es ist so weit geöffnet, dass seine üppige Brustbehaarung gut präsentiert wird. Er ist eher ein brummiger Typ, den man in seiner Freizeit wohl am ehesten im Bierstüberl oder beim »Schafkopfen« antrifft.

»Anschnallen, bitte!«, knurrt der Fahrer.

»Muss das sein?«, frage ich unwillig.

Hubert startet den Motor, grinst mich durch den Rückspiegel an und sagt: »Ohne Gurt kostet 50 extra!«

Solche Gespräche mit Taxlern, aber besonders ihre Erlebnisse, die sie während der Fahrt erzählen, haben mich zunehmend neugierig gemacht. Als Passagier kann man die Tour einfach still genießen oder auch mit dem Fahrer in die Taxiwelt eintauchen.

»Können Sie mir Ihre spannendste Geschichte erzählen?«, frage ich den Chauffeur deshalb seit etwa sieben Jahren bei jeder Fahrt. Beruflich bedingt, war ich in den letzten Jahren viel mit dem Taxi unterwegs und versuchte dabei, einen Einblick in diese ganz eigene Welt zu bekommen. Ein Taxifahrer weiß nie, wer einsteigt. Es ist immer eine völlig neue Situation, zwar mit den gleichen Rahmenbedingungen, aber mit unbestimmtem Ausgang. Jede Fahrt kann das Leben verändern – Geburt, Tod, Überfall, Heiratsantrag –, es gibt fast nichts, was im Taxi nicht schon passiert wäre.

Und genau deshalb sind die Erlebnisse von Taxifahrern so einzigartig: lustig, tragisch, gefährlich, bewegend, skurril, spannend, absurd, schlüpfrig, schräg – eben genauso facettenreich wie ihre Fahrer und Passagiere selbst. Von der ausgeraubten Frau im Bikini, über den Kriminellen, der ein Fluchtauto sucht, bis hin zum Passagier, der seine tote Mutter ins Ausland befördern möchte: Das Taxi ist Schauplatz zahlreicher, unglaublicher Geschehnisse.

Hier finden sich nun die besten Storys aus über 250 Taxigesprächen. Gute Fahrt!

Cordula Weidenbach
München, im Juni 2013

Promillerausch

»Wissen Sie vielleicht, wo ich wohne?«

Startpunkt: München – Oktoberfest
Taxifahrer: Daniel S., fährt seit 15 Jahren Taxi

Daniel S. trägt eine beige Cordhose und einen fusselfreien blauen Pullover, aus dem ein schneeweißer gestärkter Hemdkragen hervorblitzt. Er ist ein zurückhaltender, gewissenhafter Typ, macht den Taxi-Job ausschließlich des Geldes wegen und will beim Fahren am liebsten seine Ruhe haben. Taxigäste, die Gespräche führen wollen oder ihm persönliche Fragen stellen, sind ihm unangenehm. Kurioserweise wurde ausgerechnet er bei einer Fahrt unfreiwillig mit äußerst intimen Details seines Fahrgastes konfrontiert.

»Wissen Sie vielleicht, wo ich wohne?«, fragte die Frau in Tracht, nachdem sie sich schwer auf die Rückbank des Taxis hatte fallen lassen. Die dralle Besucherin des Münchner Oktoberfestes war etwa 45 Jahre alt und trug ein Dirndl im Landhausstil, das eindeutig zu eng saß. An allen Ecken und Enden quoll etwas hervor. Ihrer Frisur nach zu urteilen, musste sie an einem Nahkampf teilgenommen haben. Ein leichtes Schielen betonte ihren Rauschzustand zusätzlich. Daniel hoffte inständig, dass sie bis zum noch unbekannten Zielort durchhalten würde.

»Haben Sie vielleicht Ihren Personalausweis dabei?«, fragte der Taxifahrer hoffnungsvoll.

»Jaa, jaaa«, lallte es von der Rückbank. Die Frau kramte in ihrer Trachtentasche und warf das Dokument mit der Adresse schließlich auf den Beifahrersitz. Erleichtert darüber, zumindest das Ziel zu kennen, startete Daniel den Wagen und versuchte, dem Trubel rund um die Theresienwiese zu entkommen.

Er konzentrierte sich auf den Verkehr und kümmerte sich nicht weiter um seinen Fahrgast. Der Anblick der Frau beim Einsteigen war abschreckend genug gewesen. Außerdem war der Taxler erleichtert, nicht weitere Oktoberfest-Konversation betreiben zu müssen. Das hatte er an diesem Abend schon zur Genüge getan. Es war ihm immer besonders lästig, wenn betrunkene Fahrgäste in Bierlaune Dauergespräche führen wollten. Er stellte das Radio an und fuhr extra langsam um die Kurven, in der Hoffnung, den Magen der Wiesnbesucherin nicht unnötig in Aufruhr zu versetzen.

Ehe er kurz vor dem Ziel nach einem geeigneten Ort zum Anhalten Ausschau hielt, fragte er sicherheitshalber noch einmal nach: »Wo möchten Sie denn genau aussteigen?«

Stille auf der Rückbank. Es kam keine Antwort.

»Was ist denn jetzt los, die wird doch nicht eingeschlafen sein, oder?«, fragte sich der Fahrer.

Er blickte vorsichtig in den Rückspiegel und fuhr dann abrupt gegen den Randstein. Denn mit dem, was er da erblickte, hatte er nun wirklich nicht gerechnet. Dies war eindeutig einer der Augenblicke, in denen man inständig hofft, dass das, was man sieht, nicht wahr ist.

Sich im Taxi wohlzufühlen ist legitim, die Frau hier hatte das Ganze aber etwas auf die Spitze getrieben. Sie war eingeschlafen. Kann passieren. Die Frau hatte sich aber noch dazu auf der Rückbank ausgestreckt, um bequemer zu liegen. Passiert selten, kommt aber manchmal auch vor. Doch nicht nur das – die Frau hatte sich darüber hinaus auch noch ausgezogen! Ihr massiger Leib ruhte nahezu splitterfasernackt auf der ledernen Rückbank. Das Landhausdirndl lag achtlos zerknüllt zwischen Strümpfen, Schuhen und einem riesigen Spitzen-BH am Boden. Wahrscheinlich war ihr dieses endgültig zu eng geworden. Sie trug nun nur noch einen unattraktiv großen hautfarbenen Bauch-weg-Schlüpfer.

Daniel schaltete den Warnblinker ein. Er musste nachdenken. Keiner würde ihm glauben, dass er mit der Sache nichts zu tun hatte. Er hatte bereits deutlich die Schlagzeilen vor Augen: *»Versuchte Vergewaltigung einer Wiesnbesucherin im Taxi«, »Münchner Taxifahrer nützt Situation schamlos aus«,* usw.

Er blickte nochmals auf die Rückbank und schauderte. Die Frau hatte den Mund leicht geöffnet und schnarchte hörbar. Ihre Fahne wehte bis in den Vorderraum. Er fuhr langsam ein Stück weiter. Bei jeder kleinen Straßenunebenheit baumelte ihr Kopf unkontrolliert hin und her. Daniel parkte den Wagen auf dem nächstmöglichen Parkplatz vor einem Lebensmittelgeschäft und rief von dort die Polizei an. Ihm war klar:

Er musste auf Nummer sicher gehen. »Ich brauche Ihre Hilfe, mein Fahrgast blockiert das Taxi! Die Frau schnarcht nackt auf der Rückbank. Ich bin unschuldig, ich bin nur gefahren, verstehen Sie!«, teilte er den Beamten telefonisch mit.

Der Streifenwagen ließ auf sich warten. An diesem Abend war einiges los auf Münchens Straßen. Daniel wartete ungeduldig, während er ein paarmal fassungslos durchs Fenster sah. Endlich fuhr ein Polizeiauto um die Ecke. Zwei Uniformierte stiegen aus und kamen mit schweren Schritten auf das Taxi zu. Daniel hatte sich zwei Meter abseits platziert, um auch räumlich deutlich zu machen, dass er mit der Frau auf der Rückbank wirklich nichts zu tun hatte.

»Sind Sie der Taxifahrer? Na, was liegt hier vor?«, fragte einer der Polizisten sachlich.

Daniel deutete auf das Rückfenster. »Sehen Sie selbst, ich bin nur Taxi gefahren!«, versicherte er den Beamten.

Die Polizisten sahen durch die Scheibe, blickten einander dann ungläubig an, schüttelten den Kopf und grinsten breit.

Danach wandte sich einer dem erwartungsvollen Taxifahrer zu. »Tja, die rühren wir nicht an. Wir haben unsere Vorschriften. Das wäre sonst ein gefundenes Fressen für die Presse: *Unsittlicher Zugriff durch Münchner Polizistenduo* oder so. Nein, nein. Die wartet förmlich auf eine solche Meldung. Wir müssen hier weibliche Verstärkung anfordern.«

Daniel seufzte. Mit seinem nackten, massigen Taxigast auf der Rückbank war keine weitere Fahrt möglich, das Wiesngeschäft für diesen Abend war dahin.

Als die Verstärkung endlich eintraf, waren insgesamt zwei Stunden vergangen. Eine resolute Polizistin stieg aus und rollte mit den Augen. Dann öffnete sie die Hintertür.

»Hallo, ziehen Sie sich bitte an! Sie sind hier nicht in Ihrem Bett!«, rief sie der Wiesnbesucherin streng zu. Erfolglos, denn die Frau bewegte sich nicht, sie war so im Delirium, dass sie nichts mehr mitbekam. Die Polizistin sammelte umständlich ihre Sachen zusammen und versuchte leicht genervt, die Betrunkene auf der Rückbank wieder anzuziehen. Diese gebärdete sich wie eine steife Puppe und grunzte während des Vorgangs unwillig. Danach winkte die weibliche Beamtin den Herren zu. Einer nahm die barfüßige Frau an den Knöcheln, und die Polizistin schob sie an den Schultern von der anderen Seite ins Freie. Sie legten sie schließlich auf einer Parkbank ab. Die Frau, jetzt also wieder im Dirndl, bekam von der ganzen Umbettung nichts mit, drehte sich nur knurrend um und schlief weiter.

Kopfschüttelnd stellte Daniel ihre Tasche, Strümpfe und Schuhe dazu und übergab der Polizistin den Personalausweis.

»So, Sie können jetzt weiterfahren«, meinte diese pragmatisch. »Wir kümmern uns um die Dame. Sie müssen ihr halt später dann eine Rechnung stellen, die Daten haben Sie ja bereits. Momentan ist die Person nicht in der Lage zu bezahlen.«

Das ließ sich der Taxler nicht zweimal sagen. Daniel hatte genug für diesen Abend und fuhr sofort nach Hause. Um das Oktoberfest macht er seitdem einen großen Bogen.

Messe-Kater

Startpunkt: Berlin – Messegelände
Taxifahrer: Matthias N., fährt seit 12 Jahren Taxi

Matthias N. ist etwa 40 Jahre alt und gehört zu der Sorte von Menschen, mit der man sich sofort blendend über alles unterhalten kann, obwohl man sie noch nie zuvor gesehen hat. Er trägt eine Hornbrille, Schiebermütze und einen gestreiften Pullover und kommt ursprünglich aus einem Vorort Berlins.

In Berlin findet jährlich die ITB (die Internationale Tourismus-Börse Berlin) statt. Auf dieser Weltleitmesse der Tourismusindustrie treffen sich nationale und internationale Gäste. Oftmals veranstalten Aussteller oder Hotelketten für das Fachpublikum auf dem Gelände noch Partys, um das Messegeschäft zu versüßen. So kann man ungezwungen bei einem Glas Sekt bestehende Kontakte pflegen oder neue Geschäftsbeziehungen knüpfen.

Der junge blonde Fachbesucher in Anzug und Mantel, der gegen 23.00 Uhr bei Matthias vor dem Messegelände ins Taxi stieg, kam offensichtlich gerade von so einer Party.

»Hello, Taxi!«, sagte er beim Einsteigen. Er war so groß, dass er auf dem Beifahrersitz mit dem Kopf gegen das Autodach stieß. Matthias vermutete, dass er aus Skandinavien stammte.

»Where I can take you?«, fragte der Taxifahrer den Mann leicht irritiert.

»Sogn«, rülpste der Fahrgast. Er hatte neben seiner starken Fahne auch üblen Mundgeruch, der leicht an abgestandenes Tulpenwasser erinnerte. Matthias fuhr los und ließ das Fenster etwas nach unten, um den Geruch entweichen zu lassen. Da ihm beim besten Willen nicht einfiel, was oder wo Sogn sein sollte, fragte er erneut: »Where to?«

»To Sogn, please«, wiederholte der Fahrgast mit der schlechten Mundflora.

Matthias überlegte. Kurz darauf fragte er: »Is it a restaurant or a bar or a club where you want to go?«

»No restaurant. You must know Sogn it is in the North!«, sagte der Skandinavier und lehnte sich dabei so weit zu ihm, dass er fast die Nase des Taxifahrers berührte. Matthias verabscheute es, wenn Taxigäste den Distanzabstand nicht einhielten. Glücklicherweise klemmte sich der Fahrgast danach wieder unters Autodach.

Der Taxler orientierte sich erstmals grob in Richtung Norden und versuchte es weiter: »I don't know, where Sogn is. Can you spell it?«

Verständnislos blickte der Skandinavier den Fahrer an, als ob dieser ihn gerade nach dem Weg zum Brandenburger Tor gefragt hätte. Dann kam er ihm wieder unangenehm nahe und buchstabierte: »S-O-G-N!«

»Ich kann das echt nicht ausstehen, wenn ein Fahrgast

kein eindeutiges Ziel angibt und man als Fahrer Ratespielchen machen darf«, erzählt Matthias. »Aber der Mann wirkte gar nicht so betrunken, ich hatte eher das Gefühl, als ob der selbst nicht genau wusste, wohin er musste, oder es wirklich nicht besser beschreiben konnte … Ich hab auch versucht, ihm eine Adresse zu entlocken, aber das hat auch nicht geklappt.«

»Where are you from?«, versuchte der Taxler seinem Ziel näher zu kommen.

»Norway«, hauchte der Passagier.

Matthias versuchte zwar, ihn so wenig wie möglich zum Sprechen zu bringen, da ihm von dessen Mundgeruch schon ganz übel war, aber irgendwie musste er ja zum Ziel gelangen. Außerdem wurde er langsam, aber sicher sauer. »I can't go to Sogn – if I don't know where it is! You have to tell me a street or a place where to go.«

Der Norweger schüttelte den Kopf: »I can't believe it! You are a taxi driver! It is in the North – Sogn Student Village, it is big!«

In diesem Augenblick platzte dem Taxler der Kragen, und er brüllte den Skandinavier an: »I don't know damn Sogn in the North of Berlin! You can get off here now and go with another Taxi!«

Mit großen Augen blickte ihn der Fahrgast an: »What! Berlin!? We are not in Oslo?«

Matthias war fassungslos. Er hätte niemals gedacht, dass man nach einer Messeparty einen derartigen Filmriss haben könnte. Nachdem der Norweger nun wusste, in welcher Stadt er sich befand, fiel ihm auch wieder ein, in welchem Hotel er wohnte. Dort angekommen, entschuldigte sich der Skandinavier mindestens dreimal und verschwand dann kleinlaut durch die Drehtür.

Briefgeheimnis

Startpunkt: München – Oktoberfest
Taxifahrer: Horst G., seit 19 Jahren Taxifahrer

Horst G. ist schon lange im Geschäft und fährt aktuell eine neue E-Klasse. Während der Fahrt putzt er seine randlose Brille mehrfach am Jackenärmel. Er spricht die Art von »Bayrisch«, bei der ein Norddeutscher ab einem gewissen Tempo nur noch verständnislos aus der Wäsche blickt.

Es war das letzte Wiesnwochenende, und die ganze Stadt war voller Gäste. Der Taxler war froh, das berühmte Volksfest in diesem Jahr ohne besondere Zwischenfälle hinter sich gebracht zu haben. Als er an diesem Abend die Theresienwiese anfuhr, schwankte eine Trachtengestalt mühsam auf sein Taxi zu.

»Oje – ob der des no dapackt?«, fragte sich der Fahrer.

Der Betrunkene öffnete die Beifahrerseite, lehnte sich dann mit dem Kopf oben auf die Tür, verharrte in der Pose und schloss erst einmal wieder die Augen.

Horst fragte laut: »Wohin derf's gehn?«

Der Mann in der Lederhose öffnete ein Auge und versuchte zu sprechen: »Wwwhrmpf …«

Der Taxifahrer seufzte und sagte überdeutlich: »So, jetzt versuchen wir es noch einmal – ganz langsam sprechen …«

»Aloo hrmpf«, kam von dem Herrn, er lächelte,

schwankte wieder leicht und blickte wehmütig zur Theresienwiese zurück.

Horst wollte den Orientierungslosen gerne wieder loswerden und stieg aus, um ihn zum Ausnüchtern auf eine Parkbank zu verfrachten. Als er ihn untergehakt hatte, um ihn vom Taxi wegzuführen, fing der Bayer plötzlich an, wild in seiner Lederhose herumzukramen.

»Mei, also dei Geld nutzt ma jetz a nix, wenn du nimmer redn konnst!«, sagte Horst genervt.

Der Wiesnbesucher zog nach langem Kramen schließlich einen Briefumschlag aus der Tasche und drückte ihn dem Fahrer an die Brust mit der klaren Anweisung: »Hiiahrmpf.«

Horst war ratlos und zunehmend auch verärgert. »Mei, was wui er denn jetz do damit!«, schimpfte er. »Soll i jetz no sei bläde Post lesn, oder was? Also, des konn i jetz wirklich ned braucha, i muass arbeitn …«

Er sah auf den Briefumschlag, auf dem nichts stand. Allerdings schien Geld darin zu sein. Man konnte einige Münzen durch das Papier fühlen.

Seufzend öffnete Horst den zerknickten Umschlag und holte einen sorgfältig handgeschriebenen Zettel heraus.

»Sehr verehrter Herr Taxifahrer,
wenn Sie diese Zeilen lesen, bin ich höchstwahrscheinlich nicht mehr in der Lage, Ihnen meine Adresse mitzuteilen. Aus diesem Grund möchte ich dies vorbeugend auf diesem Wege tun. Bitte fahren Sie mich nach Aying, Glocken-

blumenweg 6. Das Geld für die Fahrt finden Sie in diesem Umschlag. Ich habe mich vorher erkundigt, der Betrag inklusive Trinkgeld müsste stimmen. Ich bedanke mich herzlich für Ihre Bemühungen und wünsche Ihnen eine angenehme Fahrt mit mir.

Mit freundlichen Grüßen,
Günter Wilhelm«

Der Fahrgast lächelte selig und stieg hinten ins Taxi ein. Horst musste schmunzeln. Die Rückfahrt nach Aying verlief reibungslos. Der Briefschreiber schlief nach kurzer Zeit ein, und von der Rückbank war nur ein leises Schnarchen zu vernehmen. Am Ziel angekommen, half Horst dem freundlichen Fahrgast noch in sein Haus. Dieser zog zum Abschluss den Hut und wankte hinein.

»Also, ganz ehrlich, des war irgendwie scho ganz charmant, wie er do sei Geld abzählt in so am Umschlag mit Brief dabeighabt hot. Den Brief hob i sogar no. Des passiert oam ja wirklich ned jedn Tag«, erzählt der Taxler. »So was nenn i mal a gscheide Wiesnvorbereitung!«

Der Besitzer vom O_2 Tower

Strecke: München – Pasing
Taxifahrer: Mahmut Y., seit einigen Monaten Taxifahrer

Mahmut Y., ein sympathischer junger Türke, ist erst seit Kurzem im Taxigeschäft. Sein Leben lang möchte er das aber auf keinen Fall machen. »Ist schlecht für die Familie«, sagt er. Seine allerschlimmste Fahrt hatte er an dem Tag, an dem er sich zum ersten Mal hinter das Steuer eines Taxis setzte.

Es war mitten in der Nacht und stockfinster, als Mahmut am Pasinger Bahnhof parkte. Ein Betrunkener torkelte auf sein Auto zu, riss die Beifahrertür auf und ließ sich schwer in den Sitz plumpsen.

Der Passagier hatte starkes Übergewicht und trug eine schwarze Hose, die in der Bauchgegend spannte, sodass er den obersten Knopf offen ließ und nur der Gürtel die Hose festhielt. Unter seinen Achseln zeichneten sich große Schweißflecken auf dem hellen Hemd ab. Er hatte kurz geschorenes Haar und fleischige rote Backen.

»Wohin darf ich Sie fahren?«, fragte der junge Türke höflich.

Unter erheblichen Sprachschwierigkeiten versuchte der neue Fahrgast sein Ziel zu erklären, er hatte bestimmt mehrere Promille im Blut. Mahmut verstand überhaupt nichts von dem, was der Mann sagte.

Der Fahrgast gestikulierte wild und schien unverständliche Selbstgespräche zu führen. Irgendwann konnte man undeutlich die Worte »Frankfurter Ring« heraushören, so war zumindest die grobe Richtung klar, und Mahmut fuhr los. Als in der Ferne der O_2 Tower am Mittleren Ring zu sehen war, deutete der Dicke mit dem Finger darauf und prahlte lallend: »Dassss gehört allles mir! Ich bin der Bessssitzer von den gaanzen Häusern hier!«

Mit einer weitreichenden Geste markierte er seine Immobilien und tätschelte Mahmut abschließend väterlich die Backe. Dann blickte er den Taxler leicht schielend an, als erwarte er eine Antwort.

»Jaja!«, bestätigte Mahmut gequält. »Das ist ja toll!«

Als Nächstes erblickte der Besoffene den Fernsehturm und änderte spontan seinen Zielort. »Da will ich hin«, lallte er und fuchtelte mit seinem ausgestreckten Arm vor Mahmuts Gesicht herum.

»Oh, Sie wollen um drei Uhr nachts zum Fernsehturm?«, fragte der Taxifahrer vorsichtig.

Dort angekommen, stieg der vermeintliche Besitzer vom O_2 Tower torkelnd aus. Er warf seinen Personalausweis und zehn Cent auf den Beifahrersitz. Mahmut starrte dankbar auf den leeren Platz. Was für eine erste Schicht! Aber mit dem Personalausweis würde er schon irgendwie zu seinem restlichen Geld kommen.

Da hämmerte der Betrunkene wild an seine Scheiben. »Wiessso lässt du mich hier rausss? Willssst du mich umbringen?«, brüllte er der Taxifahrer an.

»Ja, aber Sie wollten doch zum Fernsehturm?«, verteidigte sich der Türke.

»Nein, nein, nein! Ich hab Frrrankfurter Ring gesagt!« Er tobte herum und schlug mit der Faust bekräftigend auf die Motorhaube.

»Was bleibt mir anderes übrig?«, dachte der Taxler müde. Bei der Abfahrt steckte der Betrunkene seinen Personalausweis zurück in die Jackentasche und schwieg ausnahmsweise eine Weile. Als sie am Frankfurter Ring angekommen waren, verschwand der Mann in einer Tankstelle. Mahmut hielt noch mehr Alkohol eigentlich für keine besonders gute Idee, wartete aber resigniert vor dem Eingang. Der Türke war zwar nicht besonders erpicht, den Herrn weiter herumzufahren, aber er hatte sein Geld noch nicht bekommen. Doch sein Fahrgast kam nicht zurück. Verärgert stieg er nach fünf Minuten aus und betrat die Tankstelle. Der Mann stand im Neonlicht vor einem Kühlregal und glotzte stumpf auf die Bierflaschen.

»Ähm, wollen Sie noch weiterfahren, oder ist hier Endstation?«, fragte Mahmut den O_2-Tower-Besitzer.

»Nein, ich bleib hier, und ich zahl auch nicht.« Wütend packte er den Taxler am Kragen und stieß ihn gegen das Chips-Gestell. Glücklicherweise hatte der Tankwart die ganze Szene verfolgt. Der Betrunkene war ihm bereits beim Eintreten unangenehm aufgefallen. Von der

Kasse rief er den beiden laut zu: »Hören Sie sofort damit auf! Die Polizei wird gleich hier sein!«

Sofort flüchtete der Besoffene aus der Tankstelle. Die nach wenigen Minuten eintreffende Polizei konnte ihn aber nach kurzer Suche ausfindig machen. Mahmut landete also zusammen mit seinem unangenehmen Fahrgast auf dem nächsten Polizeirevier.

Auf der Flucht hatte sich der Betrunkene dann noch selbst ein blaues Auge geschlagen und beschuldigte den Taxler. »Der wollte mich umbrringen!«, lallte er und deutete auf Mahmut. Die Polizei schenkte dem Trunkenbold keinen Glauben, schließlich hatte der Tankwart die Vorgeschichte bereits bestätigt. Der Besitzer vom O_2 Tower endete in der Ausnüchterungszelle, und der Taxifahrer erhielt dessen Personalien, um eine Rechnung stellen zu können. Um fünf Uhr morgens konnte Mahmut dann endlich nach Hause fahren.

»Nach meinem ersten Arbeitstag hab ich mir gedacht – noch so 'ne Schicht halt ich nicht durch! Dem Job bin ich echt nicht gewachsen. Aber es wurde dann zum Glück besser …«

Der Villen-Karl

Startpunkt: k. A. (Betriebsgeheimnis)
Taxifahrer: Andreas G., fährt seit 3 Jahren Taxi

Andreas G. hatte zuvor einen anderen, langjährigen Job und ist noch nicht so lange im Taxigeschäft. Trotz seiner eindrucksvollen, schrankartigen Erscheinung wirkt er so, als ob er keiner Fliege etwas zuleide tun könnte. An und für sich fährt er gerne Taxi, nur den Villen-Karl nicht.

Erst einige Zeit nach dieser Fahrt erfuhr Andreas, dass der Villen-Karl in Taxikreisen bestens bekannt war. Als das Telefon an diesem Juliabend am Taxistand klingelte, wusste er davon aber noch nichts. Ahnungslos nahm er ab und fuhr dann zur Zieladresse in einem Nobelviertel einer deutschen Großstadt. Dort angekommen, stand er vor dem riesigen Grundstück einer imposanten Villa. Überrascht verglich er nochmals die Hausnummer mit der, die der Anrufer angegeben hatte.

»Das Haus ist sicherlich ein Vermögen wert«, dachte er sich.

Nach zweimaligem Klingeln erschien Villen-Karl in der Tür. Er war unauffällig gekleidet, trug eine ausgebeulte Cordhose und ein Hemd mit einer sackartigen blauen Strickjacke darüber. Seine Bewegungen wirkten normal. Erst als er sich auf den Beifahrersitz plumpsen ließ, nahm Andreas seine unangenehme Alkoholfahne wahr.

»Der hat sicher schon 'ne ganze Flasche Schnaps intus«, vermutete Andreas.

»Ich muss mal was an der Tankstelle abholen«, erklärte Villen-Karl. »Ich brauch Nachschub ...«

»Klar, in Ordnung.«

An der Tankstelle angelangt, sagte er: »So, du bleibst hier stehen und wartest auf mich.«

Andreas wartete geduldig auf Villen-Karl. Durch die Scheibe konnte er sehen, dass dieser sich an einem Stehtisch platzierte, wo er mehrere kleine Likörflaschen austrank.

Nach zehn Minuten kam er mit einer prall gefüllten Plastiktüte zurück, die er im Fußraum deponierte. Irritiert blickte Andreas auf die Tüte.

»Ich trinke immer sechs Feigling und 'ne Halbe Bier

an der Tanke, wenn ich mir Nachschub hole«, erklärte der Villen-Karl. »Und jetzt fahren wir wieder nach Hause.«

Vor seinem Anwesen angelangt, ließ Villen-Karl die Tasche stehen und stieg aus. »Ich hab hier jetzt kein Geld mehr, du musst mit reinkommen. Trag du mal die Tüte.«

Das Taxameter zeigte 19 Euro an. Genervt schnappte sich Andreas die Tasche mit dem Alkoholnachschub und folgte dem Trinker durch den riesigen, verwahrlosten Garten. An den alten Bäumen rankte der Efeu hoch, der Rasen war lange nicht mehr gemäht worden, und in ehemals gepflegten Beeten wucherte das Unkraut. Villen-Karl schlurfte missmutig den gepflasterten Weg zur Haustür und sperrte auf.

»Komm mal rein.«

Andreas blieb unschlüssig im Eingangsbereich stehen.

An der Garderobe hingen nur einige Männerjacken, darunter standen mehrere Herrenschuhe. Der Taxler schloss daraus, dass Karl wohl alleine in seiner Villa wohnte. Durch den Türspalt konnte Andreas in den Wohnbereich blicken, in den Karl verschwunden war. Antike Möbel standen an den Wänden, und schwere Teppiche lagen auf dem Boden.

»Komm mal rein, und bring die Tüte mit«, rief Karl ihm von innen zu.

Zögernd folgte Andreas der Aufforderung und ging durch das ungelüftete Wohnzimmer in die Küche, in die sich Villen-Karl verzogen hatte.

»Setz dich mal an den Tisch, da!«, ordnete der an,

kramte zwei Gläser hervor und öffnete eine Ramazotti-Flasche aus der Plastiktüte.

»Jetzt stoßen wir erst mal an«, eröffnete er feierlich und schenkte Andreas ein Glas randvoll ein.

»Ja, also ich muss ja noch weiterfahren«, wehrte der Taxler ab. »Ich kann jetzt nichts trinken. Kann ich bitte das Geld haben?«

»Stell dich nicht so an«, grunzte Karl und kippte seinen Ramazotti in einem Zug hinunter. »Was verdient man denn so als Taxifahrer?«

»Kommt drauf an, vielleicht 200 Euro am Abend?«

»Na, wenn du hierbleibst, dann kriegst du das Doppelte, und wir feiern hier ein bisschen, was hältst du davon?«

Andreas war nicht besonders erpicht darauf, den Abend mit Villen-Karl zu verbringen, der jetzt zudem unterschwellig aggressiv wirkte, was ihm zuvor gar nicht aufgefallen war.

»Ich habe nachher noch eine feste Fahrt zum Flughafen, vielleicht ein andermal. Jetzt muss ich aber wirklich los …«

Villen-Karls Gesicht zuckte bedrohlich. Andreas baute sich vorsichtshalber zu voller Größe auf. Daraufhin kramte der Trinker missmutig in seinem Geldbeutel und überreichte dem Taxler einen 50-Euro-Schein.

»Hier, der Rest ist für dich. Aber nächstes Mal stellst du dich nicht so an …«

»Danke.« Andreas steckte den Schein ein und machte sich schleunigst auf den Weg nach draußen.

»Inzwischen weiß ich, dass der Villen-Karl das mit allen Taxifahrern so macht. Manche Kollegen sind auch bei dem am Küchentisch sitzen geblieben. Einem hat er mal ein iPhone geschenkt, wieder 'nem anderen 'ne Stereoanlage«, erklärt Andreas. »So. Und jetzt kommt das Beste. Der Villen-Karl hat noch einen Bruder, der wohnt nur ein paar Straßen weiter. Auch in so einem Palast. Auch ganz alleine. Das ist der Villen-Franz. Und der macht genau dasselbe!«

Ungläubig schüttelt Andreas den Kopf: »Das läuft jedes Mal genau gleich ab. Die fahren immer betrunken zur Tankstelle und holen Nachschub in einer Plastiktüte. Zu Hause angekommen, versuchen sie einen dann ins Haus zu locken, angeblich weil sie kein Geld mehr haben. Dann muss man sich an den Küchentisch setzen und auf sein Geld warten. Der einzige Unterschied beim Villen-Franz ist, dass der sein Geld in einer Schublade hat. Der hat eine Küchenschublade voller 50-Euro-Scheine. Jedes Mal kriegt man dann einen davon, egal was die Fahrt gekostet hat. Die Villen-Brüder arbeiten nicht, aber die Schublade ist immer voll. Mir ist der Franz lieber, der ist nicht so aggressiv. Der Karl ist unangenehm, da hat man immer das Gefühl, dass er einem gleich eine reinhaut. Das letzte Mal, als ich den heimgefahren hab, hab ich mir gedacht: ›Scheiß auf die 23 Euro, ich hab keine Lust mehr auf den Küchentisch.‹ Und ein paar Wochen später hatte ich dann den Franz im Auto …«

Verfahrene Situation

Startpunkt: München – Campingplatz in Obermenzing
Taxifahrer: Manuel H., fährt seit 28 Jahren Taxi

Manuel H. trägt Jeans, ein buntes T-Shirt und hat wuscheliges braunes Haar. Er ist eine extrovertierte Frohnatur und leidenschaftlicher Taxifahrer. Er gehört zu der Sorte, die auch Karriere als Alleinunterhalter hätte machen können. Dankbar über die Frage, was er erlebt hat, möchte er auch gerne noch weitererzählen, nachdem wir längst am Zielort angekommen sind.

»Ja, also einige der schönsten Geschichten hab ich während des Oktoberfestes erlebt. Da sind einfach schon skurrile Gestalten unterwegs. Ich war also frühmorgens in der Gegend des Obermenzinger Campingplatzes, als ich einen Fahrgast auflas«, beginnt Manuel seine Geschichte.

Der Obermenzinger Campingplatz ist an Idylle durchaus zu übertreffen, aber zur Zeit des Oktoberfestes blüht er auf. Alle Zeltplätze in und um München haben dann Hochkonjunktur.

»Na ja – hier ist eben noch Platz für so manchen Wiesnbesucher«, erzählt Manuel weiter. »Es war circa zwölf Uhr mittags, und mein Fahrgast sah recht lädiert aus. Er stand mit total verwüsteten Haaren am Straßenrand vor dem Zeltplatz und war barfuß. Seine Schuhe trug er in der Hand. Als er ins Taxi einstieg, machte sich sofort ein strenger Geruch bemerkbar.«

»Wohin müssen Sie denn?«, fragte der Taxifahrer.

Der Mann starrte orientierungslos durch die Vorderscheibe und lallte dann »Sum Ufama-Gelände.«

Dieses Gelände war Manuel kein Begriff, also erkundigte er sich, wo das denn sei. Der Barfüßige blickte ihn entgeistert an und meinte dann: »Sie müsssn ds doch kennen! Das is an der Donnabrücke.«

Durch den Rausch vom Vorabend bedingt, sprach er recht undeutlich. Manuel ging also davon aus, dass er die Donnersbergerbrücke meinte, und fuhr los.

»Wie lange ist der gestern nach dem Oktoberfest wohl noch weitergezogen?«, fragte sich der Fahrer insgeheim. *»Und was will der bloß barfuß auf diesem Ufama-Gelände? Eine After-Wiesn-Kneipen-Tour? Hatte er die falschen Schuhe mitgenommen? Blasen? Na ja – das ist ja nicht meine Angelegenheit.«*

Auf der Landsberger Straße fragte Manuel dann irgendwann: »Wo genau an der Donnersbergerbrücke müssen wir denn hin?«

Verdutzt brabbelte der Passagier: »Sie müssn doch dis Gelände kennen! Es is riesig und kommt nach der Nibelungenbrücke!«

In diesem Moment kam Manuel das Ganze nun doch etwas komisch vor. Irgendjemand musste hier etwas gehörig durcheinandergebracht haben. Ganz langsam drehte er den Kopf zu seinem Fahrgast und erklärte: »Moment, in München haben wir zwar eine Donnersbergerbrücke, aber ansonsten nur eine Nibelungenstraße.«

»Wie, München?« Der barfüßige Mitfahrer sah ihn entsetzt an und wurde noch blasser: »Sin wir denn nicht in Linz?«

»Das muss man sich mal vorstellen!«, erzählt Manuel und lacht schallend. »So betrunken kann man doch gar nicht gewesen sein, ich meine, das war ja am helllichten Tag. Der hatte wirklich den Rausch seines Lebens – wahrscheinlich schon seit 24 Stunden. Es hat sich dann herausgestellt, dass er die Donaubrücke und das Urfahrmarktgelände gemeint hat. Dort findet in Linz auch regelmäßig ein großer Jahrmarkt statt, auf dem es Bierzelte gibt. Das hat er dann irgendwie mit dem Oktoberfest verwechselt, auf dem er am Vorabend war. Ein Wunder, dass er zum Campingplatz gefunden hat. Auf der anderen Seite hat er mir dann auch leidgetan. Ich hab ihn stattdessen zum Bahnhof gefahren, ihm beim Kauf der Fahrkarte geholfen und ihn dann in den richtigen Zug verfrachtet. Na ja, wer je das Oktoberfest besucht hat, kann diese Geschichte wahrscheinlich besser verstehen …«

Der neue Mercedes

Startpunkt: München – Sendlinger Tor
Taxifahrer: Manfred S., fährt seit 38 Jahren Taxi

Der rauschbärtige Manfred S. wirkt gelassen, und seine Stimme klingt mindestens so tief und imposant wie die des Nikolaus. Er ist einer jener Taxler, die bereits fast alles erlebt haben – unter anderem drei Überfälle mit anschließendem Polizeieinsatz. Die folgende Geschichte beginnt allerdings mit der Polizei.

Der Polizist grinste breit, als er das Ehepaar zu Manfreds Taxi geleitete. »Bitte bringen Sie diese Personen nach Hause. Sie sind nicht mehr in der Lage, selbst zu fahren«, sagte er schmunzelnd zum Taxifahrer und fügte noch hinzu: »Viel Spaß mit den Herrschaften!«

Manfred begutachtete seine Fahrgäste in der Dunkelheit. Beide trugen einen grünen Lodenmantel und einen Trachtenhut. Höflich hielt der Herr seiner Ehefrau die Tür auf, um diese einsteigen zu lassen. Die beiden waren mindestens 80 Jahre alt und befanden sich in einem deutlich fortgeschrittenen Zustand der Trunkenheit.

»Bitte fahren Sie uns nach Hause. Wir wohnen am Moosfeld!«, bat der Mann mit leichten Sprachschwierigkeiten.

Manfred startete ungläubig den Wagen.

»Fritz, also meinst du, die nehmen mir jetzt wirklich den Führerschein weg? Das können die doch nicht machen!«, regte sich die alte Dame mit schwerer Zunge auf. Dann wandte sie sich an den Taxifahrer. »Also, Sie werden nicht glauben, was uns gerade passiert ist. Das ist wirklich eine Unverschämtheit!«

»Eine Frechheit! Unglaublich!«, pflichtete der Herr ihr bei.

»Unterbrich mich doch nicht, Fritz!«, meinte die Frau rechthaberisch. »Also, hören Sie. Wir haben uns gestern ein neues Auto gekauft. Bei Mercedes. Das wollten wir halt heute ein bisschen feiern und waren beim Essen. Und wie wir nach Hause fahren wollen, da kommt auf einmal die Polizei mit Blaulicht und allem Drum und Dran und lässt uns nicht weiterfahren!«

»Unfassbar!«, mischte sich der Herr ein. »Meine Frau ist mit unserm neuen Mercedes ganz normal gefahren, aber die haben uns einfach aus dem Verkehr gezogen …«

»Ja, haben Sie denn was getrunken?«, fragte der Taxler vorsichtig, obwohl er die Antwort bereits kannte.

»Na ja«, meinte die Frau beschwichtigend. »Wir wollten halt ein bisschen feiern, das neue Auto eben. Das ist doch normal! Und jetzt wollen sie mir den Führerschein wegnehmen. In so ein Röhrchen musste ich blasen, ist doch nicht zu fassen! Das war vielleicht erniedrigend. 1,6 Promille soll ich gehabt haben … Also, so was ist mir in meinem ganzen Leben noch nicht passiert.«

»Genau«, pflichtete der Mann bei. »Dass die Polizei nichts anderes zu tun hat, heutzutage. Wir haben ja auch gar nicht so viel getrunken heute. Ich hab dann vorgeschlagen, ich kann ja auch fahren, als sie meine Frau nicht weiterfahren lassen wollten. Und wissen Sie, was dann passiert ist?«

»Dann musste mein Mann auch noch in dieses Röhrchen blasen! Der hatte sogar noch mehr als ich, das kann alles überhaupt nicht stimmen. Diese Geräte sind defekt«, unterbrach die Dame. »Das ist wirklich ein starkes Stück. Jetzt haben wir uns doch gerade erst den Mercedes gekauft. Ich hab mich schon so drauf gefreut!«

»Reg dich nicht auf, Erika«, beruhigte sie der Mann. »Das geben wir an den Anwalt. Die können dir nicht so einfach den Führerschein wegnehmen.«

Manfred wusste nicht, ob er lachen oder schockiert sein sollte. Die aufgeregten 80-Jährigen jedenfalls schwiegen eine Weile.

Dann legte die Dame wieder los: »In die Rechtsmedizin haben die uns geschleppt, wie Verbrecher! Also, ich bin immer noch außer mir, Fritz! Einen Bluttest mussten wir machen. Wir sind doch keine Mörder!«

»Bei 1,6 Promille immer«, dachte sich der Taxifahrer amüsiert und beobachtete seine Fahrgäste fassungslos im Rückspiegel.

»Und heimbringen wollten sie uns danach auch nicht! Also wirklich. Unsern schönen Mercedes mussten wir ja schließlich stehen lassen. Wenigstens haben sie uns dann zum Taxistand gebracht! Sonst hätt ich den Herren von der Polizei aber auch was erzählt!«, drohte die Frau.

»Ich hab fei jetzt kein mehr Geld dabei!«, erklärte ihr Mann. »Da müssen Sie kurz vor dem Haus warten.«

»Kein Problem«, meinte Manfred geduldig.

Wacklig wankten die beiden ins Haus. Kurz darauf kam der Herr zurück und bezahlte das Taxi.

»Viel Glück mit Ihrem neuen Mercedes!«, sagte Manfred und fuhr weiter.

Lustgefühle

Das Zwetschgenmanderl

Startpunkt: München – Schirmerweg
Taxifahrerin: Sigrid S., fuhr 4 Jahre Taxi,
davon 2 nur nachts

Sigrid S. mit ihrem herrlichen Monaco-Franze-Münchnerisch vergisst man nicht so leicht. Sie ist noch immer sehr attraktiv, sagt aber über sich selbst, dass sie früher einmal »ein echt steiler Zahn« gewesen sei. Und sie gehört wohl durchaus auch zu der Sorte Frau, die einem Mann zur Not einen Zahn ausschlagen kann. Ihre Geschichten aus den 70er-Jahren sind unbezahlbar.

Leidenschaftlich und unterbrochen von vielen Lachkrämpfen schildert Sigrid ihre Erfahrungen als Frau im Taxigewerbe.

»Na ja, zu der Zeit, wo i gfahrn bin – des warn doch noch a bissl andere Zeiten. Als weibliche Taxifahrerin is des natürlich scho a andere Situation. Aber des Witzigste, was i in der Hinsicht erlebt hab, des war ned in der Nacht, sondern am Tag.«

Es war ein heißer Sommertag, herrliches Wetter, und überall drehten Spaziergänger ihre Runden. Sigrid wartete an diesem Samstagnachmittag an einem Taxistand in Obermenzing auf Aufträge. Schließlich wurde sie in den Schirmerweg gerufen, um dort einen Fahrgast abzuholen.

»Na guat, i hol da einen Herrn ab. Und ja, wie soll i den jetzt am besten beschreiben: an Kopf größer wie a kloans Bier. An Trachtnhut hat er aufghabt, a richtiges Zwetschgenmanderl, eben«, erzählt Sigrid. (Zur Info: Ein »Zwetschgenmanderl« ist ein aus getrockneten Zwetschgen und Zahnstochern gebasteltes Männchen, das auf Weihnachtsmärkten verkauft wird. Den Kopf bildet oftmals eine Walnuss. Darüber hinaus wird in Bayern die Bezeichnung auch für einen kleinen, schwächlichen und »ausgedörrten« Menschen verwendet.)

Das Zwetschgenmanderl wollte zum Hauptbahnhof. Nachdem sie eine Weile unterwegs waren, entschied sich der Mann jedoch spontan um. »Was kostn des nach Baierbrunn?«, fragte er die Taxifahrerin.

»Na ja«, meinte Sigrid, »also, des kommt jetzt drauf o, ob i die Uhr weiter laufn lass. Aber so um die 40 Mark.«

»Gut«, sagte das Zwetschgenmanderl. »Dann nach Baierbrunn.«

Auf dem Weg fing der sehr angeheiterte Fahrgast damit an, bayrische Gstanzl zu singen, in der Hoffnung, die Taxifahrerin damit zu beeindrucken. Er legte sich dabei mächtig ins Zeug und wollte etwas zum Besten geben.

»Ja, Sie singa wunderbar!«, versicherte Sigrid.

»I bin da immer recht locker mit solche Sachen umganga, weil de Betrunkenen, dene muass ma Recht gebn, die meisten san ja eh recht friedlich«, erklärt die Taxifahrerin.

Die Strecke nach Baierbrunn führte auf der Wolfratshauser Straße am Forstenrieder Park und kleinen, einsamen Waldstücken vorbei. Plötzlich rief der Fahrgast: »Da rechts vorne kommt so a Schneise – da müss ma jetzt dann reinfahrn.«

Die Taxifahrerin fragte verwundert: »Ja und warum?«

Das Zwetschgenmanderl holte tief Luft und sagte entschlossen: »Da besorg ichs dir jetzt!«

Sigrid erzählt schallend lachend weiter: ›Oh, hob i gsagt, und i mein, als Taxifahrer muss ma relativ flexibel sein. Und grad als Frau! I bin von Haus aus so, also, ich lass mir eigentlich ned die Butter vom Brot nehma. Also hob i gsagt: ›Mei, des is mir jetzt aber grad recht. I hab scho seit zwoa Jahr koan Mann mehr ghabt. Da gfrei i mi jetzt richtig drauf. Aber dass Sies mir fei glei ordentlich macha, gell?!‹«

»Jaja!«, versicherte der Fahrgast. »Jaja!«

Als die erste Schneise kam, fragte Sigrid: »Könn ma da scho raus?«

Der Mann schüttelte den Kopf und winkte weiter. Bei der zweiten Ausfahrt wollte er auch nicht rausfahren.

Sigrid drängelte: »Jetzt müss ma aber scho raus, weil da kommt sonst nix mehr!«

»Nein«, sagte das Zwetschgenmanderl. »Du fährst mich jetzt auf der Stelle nach Solln zurück, weil *du* bist mir unheimlich!«

Sigrid verkniff sich das Lachen. »Ja«, sagte sie. »I fahr di heim, aber jetzt tust mir an Gfallen: Red nie mehr so an Schmarrn daher und vor allen Dingen, lass meine Kolleginnen in Ruhe.«

»Der hat dann tatsächlich Angst vor mir ghabt«, erzählt die Taxifahrerin. »Später hat er mich gefragt: ›Ja wirklich, tust du mir nix?‹, wollt er wissn. ›Na, i tu dir nix‹, hob i gsogt. Und dann in Solln hab i ihn gfragt, wo er denn wohnt.«

»Koa Adress, i steig *da* aus.«

»›Ja, hast Angst vor deina Frau, gell?‹ Do schmeißt er mirs Geld hi und is fluchtartig davo. I hab dann später a so viel lacha müssn, dass es mi fast zerrissen hat …«

1001 Nacht

Strecke: München – Hilton Munich Park Hotel
Taxifahrer: Shumba M., fährt seit 7 Jahren Taxi

Wenn man in das Taxi von Shumba M. steigt, der ursprünglich aus Südafrika stammt, bekommt man sofort gute Laune, eventuell aber auch einen Hitzeschock. An diesem kalten Winterabend hat er sein Taxi auf Saunatemperatur gestellt und trägt dazu immer noch einen dicken Wollmantel und eine gelbe Pudelmütze. Abgesehen von der Kälte ist er bester Laune und muss über seine eigene Geschichte so lachen, dass ihm beim Erzählen immer wieder Tränen in die Augen schießen.

Als wir auf unserer Fahrt an der Landsberger Straße den Club *1001 Nacht* passieren, kommen wir auf das Thema »Puff« zu sprechen. In der Vergangenheit wurden Puffprämien im Zusammenhang mit einer Taximafia oft und ausgiebig in der Presse diskutiert. Shumba erzählt sofort begeistert eine seiner Lieblings-Puff-Geschichten, bei der er auch ohne Mafia richtig gut verdient hat.

Der Taxifahrer zwinkert vielsagend. »Ich habe ja ein Großraumtaxi, manchmal gibt es Geschäftsmänner, die lassen sich dann abends gerne in einer Gruppe in den Puff fahren, ja. Das ist immer ein echt gutes Geschäft.«

Eines Nachts hatte Shumba sieben japanische Fahrgäste, die zu ihm ins Taxi stiegen. Schnell war klar, wohin die Herren wollten. Sie trugen alle schwarze Anzüge und sahen sehr seriös aus. Der Taxler fuhr die kleine Gruppe also zu einem Klub und ließ die Geschäftsreisenden aussteigen. Man bat ihn, auf dem Parkplatz zu warten. Nach einer Viertelstunde kamen die Japaner allerdings bereits wieder aus dem Etablissement.

»Was ist denn da los bei euch?«, fragte Shumba erstaunt. »Wieso seid ihr schon wieder hier? Das ist wirklich ein Spitzenklub!«

»No«, sagten die Herren knapp auf Englisch, ohne eine Miene zu verziehen. »Not the right one.«

»Aha«, sagte Shumba und zuckte mit den Schultern. »Dann fahren wir eben weiter.«

Der Südafrikaner überlegte, was da wohl los gewesen war. Manchmal waren seine Fahrgäste mit dem ersten Klub nicht zufrieden oder suchten einen ganz speziellen Typ Frau. Er hatte da bisher nie genau nachgefragt. Die Japaner wirkten auch nicht gerade auskunftsfreudig. Shumba fuhr also weiter zum nächsten Nightclub, der als einer der exklusivsten in München galt. Dort war alles vom Feinsten. Erneut sollte er draußen auf sie warten.

»Also«, fragte er, als die Japaner ein paar Minuten später wieder vor ihm standen, »war auch nicht der richtige Klub, ja?«

»No, go to another club, please«, ordneten die Japaner mit unbewegter Miene an.

»Die erinnerten mich an eine Gruppe Pinguine, wie sie so in mein Taxi stiegen. Ich konnte das echt nicht glauben! Ich meine, das kostet ja jedes Mal eine Menge Eintritt, aber diesen Japanern war das egal«, erzählt Shumba. »Aber trotzdem, mir wurde das dann unheimlich. Was weiß ich, vielleicht waren das irgendwelche Perverse, ja?«

Der Taxifahrer wollte deshalb wissen, was Sache war, und bohrte nach. »Sind es die Frauen? Was ist das Problem? Ich kann euch hier nicht helfen, wenn ihr mir nicht sagt, was ihr wollt, oder?«

Die Japaner rückten immer noch nicht mit der Sprache heraus. Erst als Shumba androhte, dass er sonst überhaupt nicht mehr weiterfahren würde, wurde das große Geheimnis gelüftet.

Einer der Asiaten erzählte knapp, dass sie in Japan eine Reportage über deutsche Frauen gesehen hätten, die sich über die Größe des besten Stücks von japanischen Männern lustig gemacht hätten.

Shumba lacht an dieser Stelle so heftig, dass ihm Tränen in die Augen schießen. »Bis der damit rausgerückt ist! Das war diesem Mann richtig peinlich, ja? Kann man sich das vorstellen? Dieser ganze Aufwand wegen so einer blöden Reportage! Die hatten Angst, ihr Gesicht zu verlieren. Deshalb waren die auf der Suche nach einem Klub mit asiatischen Frauen.«

Shumba fuhr dann noch einen dritten Puff an.

»Das hätten die mir ja auch gleich sagen können. Auch hier kamen sie wieder wie eine Gruppe Pinguine raus – wahrscheinlich gab es noch irgendein Problem. Vielleicht waren es zu wenige Asiatinnen oder was weiß ich.«

Die Japaner ließen sich jedenfalls nach dem dritten Nightclub unverrichteter Dinge wieder ins Hotel zurückbringen.

»Also, das habe ich auch noch nie erlebt!«, lacht Shumba und wischt sich die Tränen aus dem Gesicht. »Seitdem frage ich vorher immer ganz genau nach! Obwohl für mich hat sich dieser Abend wirklich gelohnt!«

Der Überraschungsgast

Startpunkt: Hannover – Schmiedestraße
Taxifahrer: Markus O., fährt seit 8 Jahren Taxi

Markus O. hat neben seiner Taxikarriere wohl auch schon als Bodybuilder Erfahrung gesammelt. Er verfügt über beachtliche Muskelpakete, die er mit einem engen Oberteil betont. Neben einem trockenen Humor hat der Taxler eine angenehm unkomplizierte und fröhliche Art.

Der Hobby-Bodybuilder hat schon einiges im Taxi erlebt. Gerne und ausführlich erzählt er auch ein paar schlüpfrige Geschichten. Einmal habe ihm ein älterer, feister Herr für den Zusatzdienst, ihn auszupeitschen, 500 Euro angeboten.

»Ja, das kommt schon mal vor!«, meint Markus unbeeindruckt. Besonders in Erinnerung geblieben ist ihm allerdings ein anderes Erlebnis in einer sehr kalten Winternacht.

Markus wartete nachts an einem Stand in der Hannover Innenstadt, als eine Frau mit einer sehr großen Tasche hinten in sein Taxi stieg.

»Wollen Sie verreisen?«, fragte der Taxler.

»Nicht direkt …«, gab sie zur Antwort und lächelte geheimnisvoll. »In die Walderseestraße, bitte.«

Er startete und sah in den Rückspiegel, um seinen weiblichen Fahrgast genauer zu betrachten.

»Die Frau hatte sich ganz schön aufgetakelt und auf sicher zehn Jahre jünger geschminkt. Sie war vielleicht um die 40, schätze ich«, fährt Markus fort.

Die auffallend solariumgebräunte Dame hatte ihre dunklen dauergewellten Haare mit übermäßigem Einsatz von Haarspray in eine Art Betonfrisur verwandelt. Unter ihrer schwarzen Lederjacke trug sie ein schlichtes Oberteil und Jeans, und nachdem sie eingestiegen war, roch das ganze Taxi intensiv nach Parfüm. Bei ihrem Anblick musste Markus ganz spontan an 80er-Jahre-Filme wie »Flashdance« oder Videos von Michael Jackson denken.

Sofort nach Abfahrt begann sie, auf der Rückbank in ihrer Tasche zu kramen. Als der Taxler in den Spiegel schaute, traute er seinen Augen nicht. Die »Flashdance-Frau« fing an sich auszuziehen. Er fand die Situation eigentlich ganz amüsant und meinte nur: »Ich bin eigentlich keine fahrende Umkleide, aber tun Sie sich mal keinen Zwang an!«

Die Frau kicherte etwas affektiert und meinte, während sie ihre Jeans abstreifte: »Ja, ja, gucken ist erlaubt – nur anfassen nicht!«

»Soll ich vielleicht in eine Seitenstraße fahren, damit Sie sich ungestört umziehen können?«, fragte Markus betont höflich.

»Nein, nicht notwendig, das geht gut so. Ich bin etwas spät dran. Fahren Sie nur weiter«, kam die Anweisung von hinten.

Irgendwann saß sie dann oben ohne im Taxi. Draußen fiel Schnee. Die Situation war äußerst skurril. Vorbeifahrende Autos verlangsamten das Tempo, irritierte Fahrer blickten mit großen Augen ins Taxi. Als sie dann auch noch einen knallroten BH anzog, konnte sich Markus doch nicht mehr ganz auf den Verkehr konzentrieren.

»Entschuldigen Sie, das passiert mir natürlich ständig – aber Sie müssen sich nicht wegen mir entkleiden«, witzelte er plump.

Neugierig blickte Markus in den Rückspiegel. Sie war nicht mehr die Jüngste, hatte aber eine gute Figur und war durchaus attraktiv. Ihr Gesicht konnte man hinter der Schminkfassade nicht genau erkennen.

»Tja«, kicherte die Frau im BH, »das hätten Sie wohl gerne! Aber ich habe heute Nacht noch andere Pläne. Da muss ich Sie wohl leider enttäuschen.«

Sie hatte inzwischen aus ihrer unglaublich großen Tasche Strapse gezaubert und legte sich auf die Rückbank, um diese anzuziehen.

Der Taxifahrer rätselte: *»Ist das eine Professionelle? Was die wohl noch heute vorhat? Vielleicht ist sie eine Stripperin, die irgendwo privat auftritt? Aber dann müsste sie sich ja eigentlich wieder ganz anziehen …«*

Er wurde jäh aus seinem Grübeln gerissen, als er von hinten mit Haarspraywolken betäubt wurde.

»Bitte, können Sie das nicht nachher draußen machen? Ich werde sonst bestimmt noch ohnmächtig!«, wehrte sich Markus.

»Das muss sein«, entgegnete die Frau unbeirrt.

Seufzend ließ er sein Fenster herunter, und eiskalte, frische Luft strömte ins Taxi.

»Jetzt klären Sie mich mal bitte auf«, bat er sie. »Haben Sie heute noch einen speziellen Auftritt, oder gefällt es Ihnen einfach, sich im Taxi Reizwäsche anzuziehen und die Fahrer so durcheinanderzubringen?«

Von der Rückbank kam ein kurzes hohes Lachen. »Nein, nein – da liegen Sie nicht ganz richtig«, erklärte die Frau in Unterwäsche. Aus den Untiefen ihrer Tasche zog sie nun einen sorgfältig verpackten Pelzmantel. »Ich möchte heute meinen Freund überraschen«, säuselte sie vielsagend. »Und ich kann mich ja wohl als Frau kaum so auf die Straße trauen, das verstehen Sie doch sicherlich, oder? Außerdem wäre das heute zu kalt.«

Natürlich verstand das der Taxifahrer. »Und was kommt nun noch auf mich zu?«, fragte er die Überraschungsfrau vorsichtshalber.

»Sie fahren mich zur Zieladresse, ich steige aus, und Sie warten auf mich. Länger als eine Dreiviertelstunde dürfte es nicht dauern. Und dann fahren Sie mich wieder zurück«, erklärte sie energisch.

»Verstehe, verstehe!«, meinte der Taxler, als sie in die Walderseestraße einbogen. »Darf ich dann einen Vorschuss verlangen, nur für den Fall, dass Sie nicht wiederkommen? Vielleicht überlegen Sie es sich ja doch noch anders, he, he!«

Die Dame drückte ihm mit ihren spitzen rot lackierten Fingernägeln resolut einen 50-Euro-Schein in die Hand. »Das dürfte reichen, oder?«, fragte sie leicht pikiert. Offensichtlich fand sie seinen Kommentar nicht lustig.

»Natürlich!«, erklärte der Taxler. »Sie dürfen das nicht persönlich nehmen, aber ich muss mich in solchen Fällen immer absichern, reine Routine.«

Auf der Rückbank klimperte es. Markus blickte wieder interessiert in den Spiegel. *»Was kommt denn nun, Handschellen?«*

Aus der Zaubertasche tauchten eine Flasche Champagner und zwei Gläser auf.

»So, ich lasse mein Gepäck bei Ihnen im Taxi. Die Tasche kann ich da oben nicht brauchen. Sie rühren nichts an und warten genau gegenüber. Wenn ich aus der Tür komme, dann lassen Sie mich einsteigen, und wir fahren sofort wieder los. Ich möchte nicht unbedingt länger als notwendig hier auf der Straße gesehen werden. Haben Sie das verstanden?«

»Alles klar«, entgegnete der Taxifahrer folgsam. »Ich warte hier unten auf Sie.«

Er parkte vor dem Haus und lief ums Taxi, um ihr die Tür aufzuhalten. Dann stieg sie aus. Sie war größer als erwartet. Die Überraschungsfrau trippelte, in den Pelzmantel gehüllt, auf ihren roten Pumps auf das Haus zu. Einige Schneeflocken setzten sich dekorativ auf ihre Frisur.

Zum Klingeln stellte sie die Champagnerflasche kurz auf dem Boden ab. Sie hauchte etwas in den Lautsprecher. Dann wurde der Summer betätigt, und sie verschwand im Haus.

Wie vereinbart wartete Markus. Die Zaubertasche und ihre Kleidung lagen unordentlich verteilt auf der Rückbank. Er ließ alle Fenster seines Taxis herunter, um ihr Parfum und das Haarspray in die Nachtluft entweichen zu lassen. »*War das nun eine Prostituierte? Oder wirklich einfach nur eine, die ihren Freund überraschen möchte?*«, fragte sich der Fahrer. »*Na, der Betreffende hat sich bestimmt gefreut.*«

Nach 41 Minuten kam die Überraschungsfrau wieder aus dem Haus. Auf dem Rückweg lief alles in umgekehrter Reihenfolge ab. Sie zog sich wieder an. Reizwäsche und Pelzmantel verschwanden in der Tasche. Sie wollte genau an dem Taxistand aussteigen, an dem sie eingestiegen war. Auf der Rückfahrt sprachen sie nicht viel miteinander.

»Und, Überraschung geglückt?«, fragte der Taxifahrer bloß.

Gedankenverloren blickte sie aus dem Fenster. »Das kann man so sagen.«

Am Ende der Fahrt zeigte das Taximeter 42 Euro an. »Behalten Sie den Rest!«, sagte die Frau, stieg aus und verschwand mit ihrer Zaubertasche in die Winternacht.

Nacktoffensive

Startpunkt: München – Elisabethmarkt
Taxifahrer: Tobias D., fährt seit 5 Jahren Taxi

Das Taxi von Tobias D. ist klinisch steril und riecht intensiv nach Neuwagen. Der gutaussehende 35-jährige Fahrer mit dunklen Haaren und Kinnbart hat einen rasanten Fahrstil. Nach einigem Small Talk rückt er schließlich mit einer unglaublichen Geschichte heraus, die ihm ganz zu Beginn seiner Taxikarriere widerfahren und offensichtlich äußerst unangenehm war.

»Bei einer meiner allerersten Fahrten wartete ich also am Taxistand«, erzählt Tobias. »Da kam eine junge Frau mit Trenchcoat und langen Haaren und so auf mich zu. Die wollte ins Taxi einsteigen. Es war vielleicht acht Uhr abends, aber schon dunkel. Das war irgendwann im Herbst, vielleicht im November, das weiß ich nicht mehr genau.«

Er war der Vierte in der Reihe, aber die anderen Fahrer winkten die Frau weiter. Tobias wunderte sich, das war eigentlich nicht üblich. Ein ungeschriebenes Taxigesetz bestimmt, dass nacheinander abgefahren wird. Aber vielleicht lagen andere Aufträge vor, oder einer der Fahrer musste mal austreten. Schließlich kam die Frau zu seinem Taxi, öffnete die Tür und setzte sich schnell auf die Rückbank.

»Zum Nymphenburger Schloss. Ich möchte dort etwas erledigen, dann muss ich noch weiter«, sagte sie.

Der Taxler fragte sich kurz, was man abends in einem Schloss erledigte. »In Ordnung«, sagte er und fuhr los.

Die Frau war jung, vielleicht Mitte 20. Sie war unruhig, blickte sich öfters um und rutschte wie ein nervöses Tier auf der Rückbank hin und her. Eigentlich war sie ganz hübsch, aber die langen Haare wirkten strähnig, und irgendetwas an ihrer fahrigen Art war merkwürdig.

»Alles okay?«, fragte Tobias.

»Sicher.«

Auf der Weiterfahrt raschelte es auf der Rückbank, und der Taxifahrer stellte bei einem Blick in den Rückspiegel fest, dass die Frau ihren Trenchcoat und ihre Schuhe ausgezogen hatte und gerade ihre Bluse öffnete.

»Ich möchte jetzt mit dir schlafen!«, verkündete sie geheimnisvoll.

Tobias glaubte, sich verhört zu haben: »Wie bitte? Was haben Sie gerade gesagt?«

»Du hast das schon richtig verstanden, was ich will!«

Tobias war noch nicht lange im Geschäft, aber von so einer Situation hatte er noch nie gehört. »Das ist schlecht, ich bin verheiratet«, erklärte er. »Ich habe auch Kinder. Das kann ich auf keinen Fall machen.«

»Ach, stell dich doch nicht so an! Du willst es doch auch!«

»Das geht nicht, und das will ich auch nicht. Ziehen Sie sich bitte wieder an.«

»Wenn du nicht willst, dann fange ich an zu

schreien«, sagte die Frau und legte ihre Bluse auf die Rückbank. »Ich sage, du hast mich gezwungen, mich auszuziehen, du hast mich belästigt! Du wirst schon sehen, wem man glaubt.«

Tobias überlegte. Mit einer schreienden, nackten Frau im Taxi hatte man bestimmt keine guten Karten. Und würde man ihm glauben, dass er mit der ganzen Sache nichts zu tun hatte? Sicherlich nicht. Noch dazu war ihm das äußerst unangenehm, hatte er doch gerade erst den Taxischein gemacht und wollte nicht gleich unangenehm auffallen. Solche Geschichten gab es doch sonst nur in schlechten Pornos. Er musste sich etwas anderes einfallen lassen.

Von hinten hörte er das Geräusch eines Reißverschlusses. Er versuchte, Zeit zu schinden. »Wie soll das gehen? Hier, mitten auf der Straße?«

»Fahr in die Südliche Auffahrtsallee rein!«, rief die Irre.

Zu diesem Zeitpunkt befanden sie sich in der Nähe des Schlosskanals. Die Südliche Auffahrtsallee umrahmt mit der Nördlichen den Kanal zum Nymphenburger Schloss. Auf beiden Kanalseiten stehen große Bäume.

»Also, ganz ehrlich, das war eine echt unangenehme Situation«, erzählt Tobias. »Das hört sich jetzt vielleicht ganz lustig an, und man denkt, na ja – ist doch halb so wild, es gibt Schlimmeres als 'ne nackte Frau auf der Rückbank! Aber ich war totaler Taxianfänger und wusste nicht, was passiert, wenn die Polizei kommt. Und hinten schreit die dann rum und hat nichts an … Da fällt doch der Verdacht erst mal auf mich, oder?«, erklärt der Taxifahrer. »Jedenfalls hatte ich dann eine Idee. Ich stellte den Funk auf Mithören. Dann bekommt die Zentrale die Gespräche im Taxi mit, und auch die umliegenden Taxis können hören, was bei mir gesprochen wird.«

»In die Nördliche Auffahrtsallee soll ich einbiegen?«, fragte Tobias.

»Das hab ich doch schon gesagt. Du stellst dich vielleicht an.«

Er sprach nun betont laut und deutlich: »Also, ich sag Ihnen das jetzt noch mal. Ich bin Taxifahrer. Ich bringe Sie gerne nach Hause. Was anderes mach ich nicht und will ich nicht. Ich bekomm echt Ärger, wenn Sie sich hier nicht wieder anziehen, das müssen Sie doch verstehen!«

»Ich fang sofort an zu schreien!«, drohte die Irre. »Ich sag, dass du das warst! Dass du mich belästigt hast!«

»Was ist denn bitte mit der los?«, überlegte Tobias verstört. *»Vielleicht hat man sie betrogen, und jetzt will sie sich an jemandem rächen? Vielleicht ist sie auch auf Drogen, oder sie ist wirklich Nymphomanin?«*

»Verdammt, ziehen Sie sich wieder an!«, rief er nach hinten. Langsam reichte es ihm. Hoffentlich hörte die Zentrale auch tatsächlich alles mit.

Die Frau zog sich nicht an, sondern begann, mit aufgerissenen Augen schrill zu kreischen.

»Verdammter Mist!«, rief Tobias und sah ein anderes Taxi näher kommen. Er fuhr an den Straßenrand und sprang aus dem Fahrzeug. Die Frau kreischte immer noch.

»Ich hab alles mitgehört, Kollege«, sagte der andere Taxifahrer. »Die Frau tickt nicht richtig, die kenn ich. Mein Kumpel hatte die auch schon im Taxi. Die Masche zieht sie in regelmäßigen Abständen durch.«

Tobias atmete erleichtert auf. Er war nicht mehr alleine mit der Irren, und wenig später kam die Polizei und nahm die merkwürdige Frau mit. Das war noch mal gut gegangen.

Spanische Nacht

Startpunkt: München – Marienplatz
Taxifahrer: Joachim L., fährt seit 12 Jahren Taxi

Joachim L. hat eine sympathische Stimme und eine unkomplizierte Art. Taxi fährt er nicht durchgehend, sondern immer mal wieder, wenn es gerade mit seinem anderen Job nicht klappt. Er spricht fließend mehrere Fremdsprachen und profitiert von diesen Kenntnissen nicht nur im Urlaub, sondern auch als Chauffeur. Und das wissen auch seine Fahrgäste zu schätzen.

Es war Messezeit in München. Die »Intersolar« hatte gerade begonnen, und die Stadt war übervoll mit internationalen Gästen. An diesem warmen Sommerabend sprachen Joachim drei Spanier an seinem Taxistand an: »Wo kann man gut essen?«, versuchte es einer aus der Gruppe mit Wörterbuch auf Deutsch.

Der Taxler hörte den Akzent sofort heraus und verkündete souverän in ihrer Landessprache: »Ah, Sie sind aus Spanien, Sie können mit mir auch gerne Spanisch sprechen!«

»Sehr gut! Das ist unser Mann!«, riefen die Herren begeistert und stiegen ein.

Im Taxi empfahl der Fahrer: »Die Uhrzeit ist ideal fürs ›Brenner‹, das ist so ein relativ feines Restaurant, in dem man gut Fleisch essen kann. Die Atmosphäre ist auch gut.«

Die spanische Messetruppe war einverstanden, also steuerte der Taxler die Maximilianstraße an. Irgendwann auf der Fahrt wollte dann einer der Gäste wissen: »Was verdient man denn eigentlich als Taxifahrer?«

Joachim überlegte: »Na ja, so um die 70 bis 80 Euro am Abend, vielleicht auch mal einen 100er – je nachdem …«

Die Fahrgäste tauschten daraufhin ein paar Blicke aus und machten dann einen Vorschlag: »Joachim, wir bezahlen dir 100 Euro, und du bleibst den ganzen Abend bei uns und bist unser München-Guide. Fährst uns, aber du isst auch auf unsere Kosten mit uns und berätst uns, wohin wir gehen können, okay? Wir kennen uns hier nicht aus, und du sprichst unsere Sprache. Außerdem finden wir dich sehr nett, und so ist doch allen geholfen?«

Natürlich war der Taxler einverstanden. Joachim erzählt von seiner Tour: »Dann bin ich mit denen los, vom ›Brenner‹ ins ›P1‹, dann ins ›Pascha‹ und später ins ›089‹. Und jetzt kommt das Beste: Überall, wo wir hingegangen sind, haben die eine Flasche Baileys und 'nen Schampus aufgemacht. Überall!«

Der sprachbegabte Taxifahrer scheint sich auch heute noch darüber zu wundern.

»Später wollte dann einer der Spanier unbedingt in den Puff. Der hat mich so was von gelöchert: Wo die sind, welche ich empfehle, welches die besten sind, usw. Ich hab sie also ins ›1001 Nacht‹ gefahren, da wollten sie aber nicht bleiben. Dann ging es ins ›Roma‹, ins ›Monaco‹ und in alle Puffs, die ich so kenn. Und dann, na ja, sind wir irgendwann in der Hansastraße gelandet«, erzählt Joachim. »Und da hat er endlich eine gesehen, die ihm gefallen hat. Der war so dankbar, dass er zu mir gesagt hat: ›So, Joachim, und du suchst dir auch eine aus! Ich zahl alles, mach dir keine Sorgen!‹«

»Das ist wirklich wahr!«, erzählt der Taxler. »Das kann man doch kaum glauben, oder? Also, solche Leute, die triffst du nicht alle Tage! Das, was die da ausgegeben haben, konnte ich gar nicht mehr zählen. Am Anfang hab ich noch heimlich mitgerechnet, aber bei 5.000 oder 6.000 Euro hab ich aufgehört. Das war wie im Film!« Ungläubig schüttelt Joachim den Kopf: »Zum Beispiel, auch im ›Pascha‹, das weiß ich noch genau. Da gab es so eine Reihe von Leuten, die angestanden sind.

Und ich wollte mich halt mit denen hinten in der Schlange anstellen. Sagt der Spanier: ›Ja, spinnst du?‹, geht zum Türsteher und sagt zu dem auf Englisch: ›Ich möchte jetzt da rein, ich möchte Geld loswerden, eine Flasche Champagner trinken, ich weiß nicht, wie lange ich bleib, aber das mach ich auf jeden Fall.‹ Darauf ist der Türsteher noch nicht angesprungen. Also, hält er ihm 'nen 50er entgegen und sagt: ›Und der ist für dich, wenn das Ganze ein bisschen schneller geht.‹ Dann hat der Türsteher natürlich eingelenkt und uns schnell reingelassen.«

Joachim lacht herzlich und erzählt abschließend: »Also, die Leute, die man im Taxi erlebt, das ist manchmal schon sensationell! Diese Spanier werde ich nie vergessen. Die waren auch immer ganz erstaunt: ›Joachim, du kennst das ja alles, und du kennst dich so gut aus.‹ Und mei – in den ganzen Sachen, da war ich auch schon überall drin. Es gibt ja Leute, die wohnen in München, und die kennen nix. Die kennen nur Arbeit, Heim und Kneipe ums Eck.«

Joachim und die Spanier haben sogar Telefonnummern ausgetauscht. Und sie schicken ihm heute noch Gäste aus ihrem Heimatland, weil sie von ihrem spanisch sprechenden Fahrer und seiner Ortskundigkeit so begeistert waren.

Alternativlohn

Startpunkt: Frankfurt – Cocoon Club
Taxifahrer: Dimitri P., fährt seit 13 Jahren Taxi

Dimitri P. gleicht die fehlenden Kopfhaare mit seinen buschigen Augenbrauen und einem stattlichen Schnauzer aus. Er ist um die 50, trägt ein grünes Seidenhemd und eine Goldkette. Wenn er lacht, kann man sehen, dass ihm der linke vordere Schneidezahn fehlt. Der griechische Familienvater fährt hauptsächlich nachts.

Dimitri wartete vor einigen Jahren im August in Frankfurt Fechenheim vor dem *Cocoon Club* auf Kundschaft. Mittlerweile gibt es diesen legendären Technotempel nicht mehr, Ende 2012 fand die Closing Party statt. DJ-Star Sven Väth gehört zu den Mitbegründern dieses Klubs, der als einer der bekanntesten und besten Deutschlands galt.

»Also, es war weit nach Mitternacht, vielleicht zwei oder drei Uhr. Es war eine richtig warme Nacht, so wie ich sie eigentlich nur aus Griechenland kenne. Selbst um diese Uhrzeit hatten alle nur T-Shirts an. Vor dem Klub stiegen dann zwei Mädchen in mein Taxi«, erinnert sich der Taxifahrer. »Sie waren sehr jung, ich schätze maximal 17 Jahre alt.«

Die Größere der beiden hatte blaue Strähnen in ihren blonden Haaren. Die andere war etwas kräftig und hatte das Gesicht voller Piercings. Verschwitzt saßen sie in bunten Tops und Jeansminiröcken auf der Rückbank. Sie hatten die ganze Nacht getanzt, wirkten aber kein bisschen müde.

»Wohin soll's denn gehen?«, fragte der griechische Taxifahrer die Nachtschwärmerinnen.

»Also«, sagte die Gepiercte, »wir müssen nach Darmstadt, aber ich glaube, unser Geld reicht nicht ganz.«

»Darmstadt. Wie viel habt ihr denn?«

»Ja, so etwa noch zehn Euro«, sagte die mit den blauen Strähnen und kramte in ihrem Geldbeutel.

Dimitri lacht lautstark, als er das erzählt. Es kommt oft vor, dass Fahrgäste nach einem Klubbesuch nicht mehr genug Geld für die Heimfahrt bei sich haben.

»Die wollen einen dann überreden, mit allen Mitteln«, erklärt er. »Ich lass schon mal ein paar Euro nach, aber Darmstadt! Das war unverschämt!«

»Ach bitte, bitte fahren Sie uns doch«, bettelte das Piercing-Mädchen. »Wir kommen ja nicht mehr nach Hause. Unsere S-Bahn ist weg, und ich krieg einen Riesenärger mit meinen Eltern, wirklich!«

»Ja«, sagte die andere weinerlich. »Außerdem hab ich meinen Geldbeutel verloren, bitte helfen Sie uns doch!«

»Darmstadt kann ich nicht machen«, erwiderte der Taxler unnachgiebig, »Das dauert hin und zurück ja über eine Stunde! Ich würde euch gerne helfen, aber das ist zu weit. Das hättet ihr euch vorher überlegen müssen.«

»Ach, was können wir denn tun, damit Sie uns doch fahren …«, bettelte die Gepiercte weiter und schlug einen noch dringlicheren Ton an: »Wir könnten auch Geschichten auf der Fahrt erzählen oder was vorsingen oder so.«

»Nein, danke, ihr zwei, lasst mal«, winkte der Taxifahrer ab. Ein bisschen wollte er den bettelnden Mädchen aber doch entgegenkommen: »Ich mach euch einen Vorschlag. Ich fahr euch jetzt zum Hauptbahnhof, da nehmt ihr dann einfach den ersten Zug nach Darmstadt, der fährt wahrscheinlich sowieso bald. Oder ihr müsst euch am Bahnhof eben von euren Eltern abholen lassen und ihnen beichten, dass ihr die S-Bahn verpasst habt.«

Die Mädchen tuschelten kurz auf der Rückbank. »Ja, okay«, sagten sie schließlich und tauschten Blicke aus.

Auf der Fahrt zum Hauptbahnhof spürte der Taxifahrer dann plötzlich zwei Hände in seinem Nacken. Die Blonde hatte angefangen, ihn von hinten zu massieren. Der Grieche konnte es kaum glauben.

»Sie sind doch bestimmt total verspannt vom langen Fahren!«, meinte das Mädchen. »Wir können Sie die ganze Fahrt massieren – wenn Sie uns nach Darmstadt fahren!«

Dimitri war fassungslos. »Da haben die zwei doch tatsächlich geglaubt, die machen hier ein bisschen Massage, und dann wird der schon weich. Na, ich kenne da schon den ein oder anderen Kollegen, der das vielleicht gemacht hätte, aber bei mir sind sie an den Falschen geraten …«

»Sagt mal, ihr zwei spinnt doch!«, schimpfte der Taxler. »Ihr könnt doch nicht bei wildfremden Leuten ins Taxi steigen und die massieren! Ich fahr euch jetzt zum Hauptbahnhof, und dann nehmt ihr gefälligst die erste S-Bahn. Also, ihr könnt wirklich froh sein, dass ich nicht euer Vater bin!«

Als der Taxler die Mädchen am Bahnhof aussteigen ließ, blieben diese unschlüssig stehen. Dimitri war sich nicht sicher, ob die Klubbesucherinnen dann tatsächlich auf die S-Bahn warten würden.

»Vielleicht haben die auch versucht, einen anderen verspannten Taxifahrer zu finden!«, erzählt er stirnrunzelnd. »Sachen gibt's! Aber dass Gäste nicht zahlen können, ist mir schon oft passiert. Die lassen sich dann alles Mögliche einfallen. Einen Kollegen von mir wollte mal einer mit Marihuana bezahlen, aber 'ne Massage? Das hab ich davor auch noch nie gehört …«

Millennium

Startpunkt: München – P1 Club
Taxifahrer: Shumba M., fährt seit 7 Jahren Taxi
(siehe »1001 Nacht«)

Shumba kennen wir ja bereits aus der Geschichte mit den Japanern und dem Puff. In seinem Großraumtaxi läuft eine selbst gebrannte CD mit Reggaemusik. Der gut gelaunte Südafrikaner lebt seit acht Jahren in München. Um bei der Fußball-WM im eigenen Land dabei sein zu können und das Geld dafür zusammenzubekommen, hat er viele Extraschichten in Kauf genommen – unter anderem auch die Millenniumsnacht.

Fast jeder kann sich daran erinnern, wie und wo er das Millennium verbracht hat. Taxis waren in dieser Nacht Mangelware. Einer der wenigen Taxifahrer, die sich dieses »Jahrtausendgeschäft« nicht entgehen lassen wollten, war Shumba.

»Ich bin also an Millennium gefahren. Dachte mir, das gibt bestimmt viel Geld, ja. Und auch viel Trinkgeld, keine anderen Taxis unterwegs und so weiter«, erzählt der Südafrikaner.

»Und ungefähr um halb zwölf hatte ich dieses junge Paar im Wagen, ja. Sie kamen aus dem ›P1‹, dem Klub. Die hatten sich da gerade kennengelernt. Es war ja ziemlich kalt in dieser Nacht. Die Frau war sehr hübsch, hatte nur so einen Hauch Goldstoff und eine weiße Felljacke drüber an. Der Mann – glaube ich – einen schwarzen Mantel«, erzählt Shumba und fügt lachend hinzu: »Auf den habe ich nicht so geachtet.«

Das Paar gab als Ziel eine Adresse im Glockenbachviertel an.

»Ja, also diese beiden machten auch kein Geheimnis daraus, was sie vorhatten, ja. Das hat schon auf der Rückbank angefangen. Sie haben wohl gedacht, in meinem Großraumtaxi fällt das nicht so auf…« Shumba nickt verständnisvoll: »Mir ist das eigentlich egal, solange die da keine Sauerei machen, soll's mir recht sein.«

»Schaffen wir es denn bis Mitternacht in die Auenstraße?«, fragte die Frau hektisch.

»Kein Problem«, beruhigte sie Shumba amüsiert. Sie waren gut in der Zeit. Ihm war völlig klar, dass die beiden das Millennium auf ihre eigene Art und Weise zelebrieren und deshalb rechtzeitig dort sein wollten.

»Als wir bei ihm zu Hause ankamen, war es ungefähr zehn Minuten vor Mitternacht. Er flüsterte ihr irgendwas ins Ohr, und sie fing dann an, wie wild in ihrer Tasche zu kramen«, erzählt der Taxifahrer.

»Jedenfalls stellten diese Schlaumeier dann fest, dass sie nicht mehr genug Geld hatten, ja. Also bin ich mit Ihnen weiter zur nächsten Bank gefahren. Sie verschwanden dann beide in der Bank, und ich wartete. Und wartete. Und wartete! Es war kurz vor zwölf Uhr, und das war langsam komisch.«

Shumba erwägte, ob das Paar es sich vielleicht anders überlegt hatte und unbemerkt durch eine Hintertür verschwunden war, ohne zu bezahlen. Das wäre wirklich ärgerlich gewesen. Eigentlich hatten sie es ja so eilig gehabt, pünktlich in seine Wohnung zu kommen. Zwei Minuten vor dem neuen Jahrtausend stieg er also aus und ging auf die Eingangstür der Bank zu.

»Und dann habe ich sie auf diesem Kontoauszugsdrucker gesehen«, erzählt Shumba mit großen Augen. »Aber die haben da keine Bankgeschäfte erledigt!« Der Taxler zwinkert wieder vielsagend und lacht: »Nein, nein – die waren so auf diesen Jahrtausendsex fixiert, die haben aus Zeitgründen einfach den Ort geändert. In der Bank war es immerhin warm, kein Mensch da, bis auf die Kamera – aber die hat sie wohl nicht weiter gestört! Ich hab dann draußen gewartet, bin ja kein Unmensch! Die können echt froh sein, dass sie mich erwischt haben – das macht bestimmt nicht jeder mit, ja.« Der sympathische Südafrikaner klopft sich auf die Brust und erzählt dann, von Lachkrämpfen gebeutelt, weiter: »Und mein Millennium sah dann also so aus: Um Mitternacht stand ich alleine vor einer Bank mit einem stöhnenden Paar auf dem Kontoauszugsdrucker!« Er erzählt prustend weiter: »Es hat sich herausgestellt, dass sie in der Aufregung dreimal die falsche Geheimzahl eingegeben haben, ja. Als sie dann merkten, dass die Karte gesperrt war und sie es nicht mehr bis nach Hause schaffen würden, haben sie sich es eben in der

Bank gemütlich gemacht. Mein Geld hab ich aber später bekommen und ein gutes Millenniumstrinkgeld auch. Jedes Mal, wenn ich an der Bank vorbeifahr, muss ich daran denken!«

Nervenkitzel

»Entschuldigen Sie, Ihr Taxi brennt!«

Startpunkt: New York City – SoHo
Taxifahrer: Name und Berufsdauer unbekannt

Der Fahrer war ein leicht muffiger, lethargischer Pakistaner Anfang 30, der offensichtlich noch nicht lange in New York Taxi fuhr und mit dem Verkehr dort komplett überfordert war. Die Kommunikation gestaltete sich schwierig, da der Chauffeur kaum Englisch sprach. Fahrgäste waren die Freunde Mike H. und Dirk S., beide Anfang 20, die gemeinsam einige Monate in New York verbrachten und in einem Apartment in Upper East wohnten.

Wenn man in New York lebt, fährt man gezwungenermaßen viel Taxi. Allerdings lassen sich Taxis nur in Ausnahmefällen vorbestellen. Normalerweise muss man sich mit dem zufriedengeben, was einem auf der Straße entgegenkommt.

Es wurde bereits hell über New York. Nach einer langen Nacht in diversen Klubs der Stadt wollten die beiden jungen Männer in den frühen Morgenstunden in ihre Wohnung zurückfahren. Die Straßen waren leer. Endlich stoppte ein alter Ford. Froh darüber, überhaupt ein Taxi ergattert zu haben, stiegen sie ein und nannten dem pakistanischen Fahrer ihr Ziel.

Der Weg von SoHo nach Upper East führt über den

FDR Drive. Der Franklin D. Roosevelt Drive ist eine Art Stadtautobahn, die auf der Ostseite von Manhattan am East River entlangführt. Mike und Dirk waren nach ihren diversen Klubs verkatert und um halb sechs Uhr morgens auch ziemlich übermüdet. Sie wollten nur noch ins Bett. Doch mitten auf dem dreispurigen FDR Drive stellten sie plötzlich einen beißenden Geruch fest. Irritiert blickten sie einander an.

»Sag mal, das riecht doch nach Feuer, oder?«, meinte Mike skeptisch.

»Mhm«, überlegte Dirk und stimmte dann beunruhigt zu: »Feuer ja, eindeutig!«

Nervös versuchten sie, den Ursprung des Gestanks auszumachen. Zu ihrem Entsetzen entdeckten sie auf der rechten Seite des Taxis dicken, aufsteigenden Rauch. Der Chauffeur fuhr stoisch weiter und schien weder den Geruch noch die Rauchwolken zu bemerken.

»Entschuldigen Sie, Ihr Taxi brennt!«, rief ihm Mike auf Englisch zu. »Stopp! Sie müssen anhalten!«

Entweder verstand ihn der Fahrer aufgrund seiner mangelnden Englischkenntnisse nicht, oder er war der Ansicht, Feuer sei kein Grund, die Fahrt zu unterbrechen. Ohne im Geringsten auf die Aufforderung seiner Passagiere einzugehen, fuhr er einfach weiter.

»Verdammt, wir sitzen in einem brennenden Auto!«, rief Dirk entsetzt.

»Wir müssen hier sofort raus!«, rief Mike. »Ich kann mir gut vorstellen, dass so 'ne Spritschleuder in die Luft fliegt, wenn die in Flammen steht!«

Dirk deutete aufgeregt auf die rechte Seite: »Stopp! Stopp! Fahren Sie rechts ran, Ihr Fahrzeug brennt! Sehen Sie denn nicht den Rauch!«

Auf dem FDR Drive kann man leider äußerst schlecht stehen bleiben. Es gibt keinen Seitenstreifen, auf den man in solchen Fällen normalerweise ausweicht. Wenn man nicht von Sattelschleppern überrollt werden möchte, muss man auf eine Ausbuchtung warten. Der Fahrer, der den Rauch mittlerweile auch endlich bemerkt hatte und laut in seiner Landessprache schimpfte, suchte nervös nach einer geeigneten Stelle.

Mit quietschenden Reifen und einer Vollbremsung fuhr er schließlich ruckartig den Randstein hoch. Falls der Reifen bisher durch das Feuer keinen Schaden genommen hatte, war er spätestens jetzt kaputt. Erleichtert sprangen die beiden Freunde aus dem Fahrzeug und warfen dem Pakistaner 20 Dollar zu. Sie standen nun zwischen dem brennenden Taxi und einer rostigen Leitplanke. Dahinter hinderte lediglich ein löchriges Netz die Fahrzeuge vor dem Abstürzen in den East River.

»Sollen wir nicht Hilfe rufen?«, fragte Mike den Fahrer. Der verständigte sich bereits mühsam über sein Handy mit der Feuerwehr, winkte aber ab.

Die beiden Jungs konnten nur ungläubig auf die skurrile Szenerie der morgendlichen Kulisse New Yorks blicken, wo der Pakistaner auf der Leitplanke vor seinem brennenden Taxi auf die Feuerwehr wartete. An den Rand der Stadtautobahn gepresst, machten sie sich schließlich zögernd auf die Suche nach einem weniger feurigen Gefährt.

Tatort Gräfelfing

Startpunkt: München – Maximilianstraße
Taxifahrerin: Sigrid S., fuhr 4 Jahre Taxi,
davon 2 Jahre lang nur nachts
(siehe »Das Zwetschgenmanderl«)

Sigrid S. kennen wir ja schon. Die mutige und unabhängige Blondine hat sich nach ihrer Taxikarriere mit einem Kosmetiksalon selbstständig gemacht. Aus ihren Augen strahlt unerschütterlicher Optimismus, und sie ist niemand, den man leicht einschüchtert. Allein ihre tiefe, rauchige Stimme lässt darauf schließen, dass man ihr nichts vormachen kann.

Ich will wissen, ob sich Sigrid irgendwie auf ihre Nachtfahrten vorbereitet hat, mit einem Selbstverteidigungskurs, einem Pfefferspray oder etwas anderem.

»Na ja«, sagt sie, »i hab mir immer zu helfen gwusst. Aber es gab mal a Situation, die war scho kritisch. Mir is mal einer ins Taxi gstiegen, des war irgendwo in der Gegend von der Maximilianstraß, der wollt nach Planegg. Auf alle Fälle war das so a ganz a feiner Pinkel. Und der setzt sich hinten nei in seinem Kaschmirmantel. Normalerweise redt ma ja was mitnand. Und der hat einfach nix gredt. Des kam mir scho a bissl komisch vor, ja. Nur des Fahrziel hat er gsagt und dann einfach nix mehr gredt, egal was i gsagt oder gfragt hab. Des muss ma sich mal vorstelln. Des war scho unheimlich.«

Der Weg von München nach Planegg führt durch Gräfelfing. Hier verläuft die Pasinger Straße an einem Friedhof und einigen abgeschiedenen Feldern. Bei Dunkelheit ist es an dieser Stelle besonders finster und einsam. Wie aus dem Nichts sagte der Fahrgast auf der Rückbank: »Ich erwürg dich jetzt.«

Sigrid warf einen kurzen Blick in den Rückspiegel. Der unheimliche Mann hielt etwas in der Hand, das sie nicht genau erkennen konnte, aber wie eine Drahtschlinge aussah. Sie reagierte schnell und geistesgegenwärtig. In der Seitentür hatte sie für den Notfall einen Totschläger gebunkert. Diesen nahm sie unbemerkt von ihrem Fahrgast in die Hand und hielt ihn unter ihrer Lederjacke. Dann gab sie Vollgas. Sie spekulierte darauf, dass, wenn sie mit erhöhter Geschwindigkeit fuhr und der Fahrgast sie von hinten erdrosselte, er bei einem Unfall auch nicht heil davonkam. Das würde ihn vielleicht von seinem Vorhaben abbringen.

»Schaun'S mal in die Mitte zwischen die zwei Sitze? Sehn'S da irgendwas?«, fragte sie dann mit fester Stimme und hielt den Totschläger so, dass man hinten den Abdruck unter ihrer Lederjacke sehen konnte.

»Ja«, sagte der Mann mit der Schlinge, »Was ist das?«

»Des is a entsicherte Beretta 567.«

»Was?«, fragte der Fahrgast entgeistert. »Sind Sie bewaffnet?«

»Ja, sicher doch«, sagte Sigrid. »Alle weiblichen Taxifahrer san bewaffnet.«

»Ja, dürfen Sie das denn überhaupt?«

»Na klar, wissen Sie des ned? Alle weiblichen Taxifahrer ham a Waffe dabei. Es passiert einfach zu viel!«

Sigrid blickte ihrem Fahrgast durch den Spiegel genau in die Augen: »Und jetzt, wenn'S a dumme Bewegung machen, druck i ab, i mein's fei ernst.«

»Ja«, kam beschwichtigend von hinten, »is ja schon gut.«

»Des war so oana! Der ist dann nach Planegg gfahren, hat ganz normal zahlt, is ausgstiegn und gegangen«, erzählt Sigrid. »Ja, weil der hat ja dann gedacht, mit meiner Waffe, dass i a Verrückte bin oder so, nachad daschiess i ihn noch. Also, jedenfalls war des irgend so a Perversling, der versucht hat, Frauen ins Bockshorn zu jagen. Der hätt mir wahrscheinlich gar nix getan. Aber allein zu sehen, wie's is, wenn a junge Frau Angst kriagt, des hat dem gfalln. Da is er aber bei mir an die Falsche geraten …«

Zwei Minuten

Strecke: Bremen – Am Goetheplatz
Taxifahrer: Marco B., fährt seit 20 Jahren Taxi

Marco B. ist Familienvater, hat früher Politik studiert und dann zu spät festgestellt, dass er lieber Grundschullehrer geworden wäre. So begann seine Taxikarriere. Inzwischen fährt er seit zwei Jahrzehnten, hat auch zahlreiche unangenehme Erfahrungen gemacht und kann mit gefährlichen Situationen im Taxi gut umgehen.

»Na ja, also ich hab eigentlich schon alles im Taxi erlebt, irgendwann überraschen einen die Dinge nicht mehr so, ob das nun Waffen sind oder verletzte Personen. Das sind ja alles keine schönen Geschichten«, erzählt Marco. »Aber an eine erinnere ich mich noch genau.«

Eines Tages stieg am Goetheplatz im Bremer Viertel Ostertor ein Fahrgast bei ihm ein. Der Mann gab als Fahrziel die »Neue Vahr Süd« an. Dieses Neubauviertel, mit direktem Anschluss zur Autobahn, liegt im Osten Bremens und ist ein Hochhausghetto.

Marco fuhr los. Im Taxi lief Musik, und der Fahrgast hatte offensichtlich kein Interesse an einem Gespräch. Nachdem sie eine Zeitlang schweigend unterwegs waren, kam über Funk folgende Durchsage:

»Achtung! Die Polizei bittet um Ihre Mithilfe. Im

Ostertor-Viertel ereignete sich soeben ein Raubüberfall auf ein Sonnenstudio. Der bewaffnete Täter befindet sich auf der Flucht. Er ist circa 30 Jahre alt, trägt Jeans und Jeansjacke, weiße Turnschuhe und eine schwarze Baseballkappe. Bei Hinweisen …«

Marco drehte langsam den Kopf in Richtung Beifahrersitz. Der Fahrgast trug Jeans und Jeansjacke. Die weißen Turnschuhe leuchteten anklagend aus dem Fußraum. Seine Baseballkappe nahm er nun vom Kopf und knetete sie zwischen den Händen. Der Taxifahrer musste daran denken, dass der Mann etwa 50 Meter von einem Sonnenstudio entfernt eingestiegen war. Es herrschte eisiges Schweigen. Angespannt starrte der mutmaßliche Täter aus dem Fenster. Eine Ader pochte nervös an seinem Hals.

Marco fuhr weiter und fragte dann ruhig: »Und was jetzt?«

»Das weiß ich auch nicht«, sagte der Fahrgast.

Der Taxifahrer überlegte kurz und sagte dann: »Von mir willst du ja nichts, oder?«

»Nee, von dir will ich nichts«, entgegnete der Mann.

»Gut«, meinte Marco.

»Fährst du mich dann trotzdem noch dahin, wo ich hinmuss?«

»Ja klar, kein Thema, wenn du bezahlst?«

Der Flüchtige warf Marco einen Schein zu, er hatte ja genug Bares bei sich. Dann sprachen die beiden nichts mehr miteinander. Der Täter war nervös und blickte sich während der Fahrt mehrfach um. Als sie an der

»Neuen Vahr Süd« angekommen waren, hielt Marco an der vereinbarten Stelle. Vor dem Aussteigen sah ihm der Kriminelle in die Augen und bat eindringlich: »Gib mir wenigsten zwei Minuten!«

»Okay«, sagte Marco.

Der Verbrecher blickte noch einmal nach hinten, um sicherzugehen, dass ihnen niemand gefolgt war, sprang dann aus dem Auto und verschwand zwischen den Häusern. Marco blickte auf die Uhr. Von seinem Fahrgast war nichts mehr zu sehen. Nach zwei Minuten rief er die Polizei an.

»Er hat mir nichts getan. Und er war fair zu mir. Das hätte nämlich auch anders ausgehen können«, erzählt Marco. »Jedenfalls musste ich danach zum Revier und stundenlang Bilder anschauen, das ist immer unangenehm. Ich weiß nicht, ob die den Mann je bekommen haben.«

Knapp verpasst

Startpunkt: Daglfing – Daglfinger Straße
Fahrer: Erwin K., seit 10 Jahren Taxifahrer

Erwin K. ist übergewichtig, trägt ein kurzärmliges hellblaues Hemd und eine Altherren-Sonnenbrille. Von Radio Arabella untermalt, schimpft er die gesamte Fahrt über aufgrund der Verkehrssituation in seinen Vollbart. Während er seine Geschichte erzählt, merkt man ihm an, dass ihn dieses Erlebnis ernsthaft mitgenommen hat.

»Gefährliche Situationen haben ja nicht immer nur mit dem Fahrgast zu tun«, erklärt Erwin. »Mir ist noch nie was in Sachen Überfall passiert. Also Leute, die mich bedroht hätten oder so. Von Kollegen kenn ich solche Geschichten schon. Aber kürzlich hatte ich ein Erlebnis, das war mindestens so gefährlich wie 'ne Knarre am Kopf…«

Die Daglfinger Straße wird auf Höhe des S-Bahnhofes von einer Bahnschranke unterbrochen. »Die Schranke ist immer zu, die ist quasi dafür bekannt, dass Autos dort verfaulen«, erklärt Erwin. »Aber ich musste sie passieren. Natürlich war sie unten, als ich ankam. Außer mir wartete niemand. Es dauerte wie immer ewig, aber es kam kein Zug. Irgendwann bin ich dann ausgestiegen und hab geschaut, ob da was kaputt ist. Dann plötzlich – ich steh noch vor der Schranke – bewegen sich die Balken nach oben. Ich bin also zurück zum Taxi gelaufen, eingestiegen und hab mir so gedacht: ›Los, jetzt schnell rüber. Nicht dass ich noch mal so lang warten muss!‹ Aber kaum war ich losgefahren, da sah ich schon die S-Bahn kommen. Der Zug kam von links, ich musste mich im Bruchteil einer Sekunde entscheiden: Vollgas nach vorne oder zurückstoßen. Zurück hätte länger gedauert, deshalb hab ich das Gaspedal volle Kanne durchgedrückt. Mir ist echt das Herz stehen geblieben, ich hab es gerade noch geschafft. Kaum war ich auf der anderen Seite angelangt, zischte die S-Bahn hinter mir durch. Wäre ich nur zwei Sekunden langsamer gewesen, hätte die mich erwischt! Ich hab das natürlich gleich gemeldet, und der Schaden ist auch umgehend behoben worden.«

Der Taxifahrer wischt sich über die Stirn. »Das ist schon ein komisches Gefühl. Da fängt man an, darüber nachzudenken, wie schnell alles vorüber sein kann.«

Eiskalte Gesellschaft

Strecke: München – Münchner Freiheit
Taxifahrer: Jochen T., fährt seit 15 Jahren Taxi

Jochen T. trägt einen schwarzen Kapuzenpulli, seine kurzen grauen Haare betonen sein braun gebranntes Gesicht. Er ist entweder schwerhörig oder hat eine Vorliebe für sehr laute Musik im Taxi, die eine Unterhaltung fast unmöglich macht. Während Sting in voller Lautstärke »Fields of Gold« schmettert, brüllt er mir seine Geschichte zu.

Ein junger Mann mit langen braunen Haaren, die zu einem Pferdeschwanz gebunden waren, stieg eines Nachts an der Münchner Freiheit in Jochens Taxi und setzte sich auf den Beifahrersitz.

»Nach Allach, bitte«, lautete seine knappe Anweisung, und der Taxifahrer fuhr los. Die Strecke führt einige Zeit die Leopoldstraße entlang und dann weiter über den Mittleren Ring. Der Fahrgast sah ganz normal aus, war unauffällig gekleidet, etwa 25 Jahre alt und Typ Student. Er kramte während der Fahrt in den Taschen seiner Wildlederjacke.

Kurz darauf spürte Jochen einen kalten Gegenstand an der Schläfe. Der Alptraum eines jeden Taxifahrers. Er schielte nach rechts und konnte aus dem Augenwinkel die Waffe erkennen. Sofort holte er seinen Geldbeutel hervor.

»Hier, nehmen Sie!«, rief er dem Mann mit der Pistole schnell zu. »Das ganze Geld ist hier drin!«

»Dein Geld will ich nicht«, sagte der unheimliche Student sonderbar. Jochen sah ihn irritiert an. Seine Augen hatten einen merkwürdigen Ausdruck, er wirkte nicht brutal, sondern eher ruhig und innerlich abgeklärt.

»Was wollen Sie dann?«, fragte der Taxifahrer vorsichtig.

»Ich hätte gerne Ihre Gesellschaft«, meinte der bewaffnete Fahrgast mit dem Psycho-Blick.

»Der ist ja total irre«, dachte sich Jochen verzweifelt. *»Jetzt nur keinen Fehler machen, der erschießt mich sonst wirklich noch …«*

»Gesellschaft, wobei bitte?«, fragte er langsam.

»Alles hat keinen Sinn mehr«, sagte der Fahrgast monoton. »Die Menschen sind schlecht.« Dann nahm er die Waffe von Jochens Kopf und hielt sie etwas tiefer auf Brusthöhe. »Fahren Sie! Es geht alles seinen Weg. Es ist alles vorbestimmt.«

»Verdammt, der will sich wohl umbringen!«, schoss es Jochen durch den Kopf. *»Aber was meint der mit Gesellschaft? Der will mich auch erschießen! Wo bin ich da bloß reingeraten?«* Angsterfüllt fuhr er auf dem Mittleren Ring weiter stadtauswärts. Sein Herz schlug bis zum Hals.

Der Psycho-Student hatte die Waffe wieder in den Schoß gelegt, hielt sie allerdings weiter auf Jochen gerichtet.

»Vielleicht will der auch jemand anderen umbringen? Und mich gleich dazu, damit es keine Zeugen gibt?«, dachte der Taxifahrer als Nächstes. In seiner Todesangst überschlugen sich seine Gedanken. Dieser Mann war unberechenbar. *»Scheiße, ich muss hier sofort raus, das geht sonst nicht gut aus …«*

Damit sie in einer gefährlichen Situation schneller reagieren können, müssen sich Taxifahrer aus Sicherheitsgründen nicht anschnallen. Allerdings nur, wenn sie einen Fahrgast befördern. So können sie im Notfall rasch agieren und in Windeseile aussteigen. Und genau das hatte Jochen vor.

»An einer Ampel nach dem Petueltunnel hab ich gemerkt, dass der Mann in Gedanken versunken war. Ich hab dann blitzartig die Tür aufgerissen und bin geflohen! Das war meine einzige Chance. Am Anfang bin ich geduckt nach hinten weggelaufen, und dann bin ich gerannt wie noch nie in meinem Leben«, erzählt Jochen. »Der Verrückte hätte in diesem Moment schießen können, hat es aber nicht getan. Er ist einfach stoisch sitzen geblieben mit der Waffe in der Hand. Ich weiß nicht genau, warum ich mich damals für die Flucht entschieden habe, das hätte auch schiefgehen können.«

Er informierte die Polizei, die nach nicht einmal fünf Minuten eintraf und den Irren mit der Pistole festnahm und abführte. Der leistete keinerlei Widerstand.

»Später hat sich dann herausgestellt, dass er einen unerlaubten Ausflug aus Haar – der psychiatrischen Klinik –

unternommen hat«, erzählt Jochen. »Woher er die Waffe hatte, weiß ich nicht. Jedenfalls wollte er sich wohl umbringen. Welche Rolle ich dabei spielen sollte, hab ich nie erfahren. Ich fuhr an dem Abend jedenfalls weiter, bis meine Schicht beendet war. Wenn ich das nicht gemacht hätte, weiß ich nicht, ob ich mich je wieder in ein Taxi gesetzt hätte!«

Abschließend lächelt er vielsagend: »Aber ich hab auch gute Erlebnisse im Taxi gehabt, die bleiben aber geheim …«

Verdeckte Ermittlung

Startpunkt: Berlin – Hauptbahnhof
Taxifahrer: Emir S., fährt seit 30 Jahren Taxi

Emir kommt ursprünglich aus Pakistan und trägt ein hautfarbenes Seidenhemd mit filigranen blauen Ornamenten. Der untersetzte 60-Jährige erzählt leicht widerwillig eine unglaubliche Geschichte, bei der ihn der Einsatz der Polizei komplett überfordert hat.

Es war ein kalter Herbstabend, als Emir zu einem italienischen Restaurant in der Nähe des Berliner Hauptbahnhofes gerufen wurde. Knapp 100 Meter vor dem Lokal winkte ihm bereits ein Mann am Straßenrand zu. In dieser Nacht regnete es stark. Er wunderte sich deshalb, dass der Fahrgast ihm entgegengelaufen war. Der durchnässte Mann in Lederjacke und Jeans stieg ein und sagte knapp: »Einmal um den Block, bitte.«

Kaum waren sie unterwegs, hielt der Zivilbeamte Emir einen Polizeiausweis unter die Nase und verkündete mit ernster Stimme: »Hören Sie mir genau zu. Ich ermittle verdeckt gegen den Fahrgast, der gerade das Taxi gerufen hat. Wir wissen nicht, wo er wohnt. Wir benötigen deshalb Ihre Mithilfe.«

»Aha«, meinte der Taxler misstrauisch. »Was hat der Mann gemacht? Ist er gefährlich?«

»Keine Sorge«, sagte der Polizist beschwichtigend. »Wir kümmern uns um alles. Ein Zivilwagen wird Ihnen mit entsprechendem Abstand folgen. Und ich werde bei Ihnen im Taxi bleiben.«

»Verstehe«, sagte Emir. »Sie sitzen hinten?«

»Nein, nein!«, korrigierte der Ermittler. »Das würde dem Tatverdächtigen ja sofort suspekt vorkommen. Ich werde in den Kofferraum steigen.«

Der Pakistaner runzelte skeptisch die Stirn. Von so einer Ermittlung hatte er noch nie gehört. Er warf nochmals einen Blick auf den Polizeiausweis, aber dieser schien in Ordnung zu sein. »Was? Wieso in den Kofferraum?«, fragte er ungläubig.

Der Zivilpolizist drängelte: »Keine weiteren Fragen,

bitte. Dafür fehlt uns die Zeit. Wenn das Taxi zu lange braucht, könnte die Person Verdacht schöpfen. Fahren Sie rechts ran. Wir müssen uns beeilen.«

Emir fuhr an den Straßenrand, er war noch immer unentschlossen.

»Also, ich steige jetzt in den Kofferraum. Ich bin über einen Sender mit dem anderen Wagen verbunden. Ihnen kann also nichts passieren. Und Sie befördern den Fahrgast, als ob nichts wäre, und bringen ihn nach Hause. Sobald er in seiner Wohnung ist, fahren Sie ein Stück weiter, wo man uns nicht sehen kann und lassen mich aus dem Kofferraum, verstanden?«

Emir war nicht sicher, wirklich alles verstanden zu haben. Begeistert war er von der Idee keineswegs, aber der Polizist hatte diese gewisse Dominanz, bei der man nicht widerspricht. Er öffnete den Kofferraum und ließ den verdeckten Ermittler einsteigen. Dann fuhr er wieder das italienische Restaurant an und ging hinein, um seine Ankunft zu melden.

An der Bar wartete sein Fahrgast bereits ungeduldig. Ein unauffälliger dunkelhaariger Mann ohne besondere Kennzeichen. Er war vielleicht 50 Jahre alt. Er trug eine schwarze Tasche bei sich.

Emir war trotzdem nervös. »Wohin?«, fragte er den Fahrgast, nachdem sie eingestiegen waren.

»Gotenstraße«, meinte der Verdächtige.

Der Taxler fuhr los. Er hatte Angst. Er blickte immer wieder in den Rückspiegel. Der angekündigte Wagen war nirgends zu entdecken. Auffällig schielte er zu seinem Beifahrer und versuchte zu ergründen, ob dieser eine Waffe mit sich führte. Nach einiger Zeit schien der Passagier seine Unruhe zu bemerken. Er änderte unvermittelt das Fahrziel und griff in seine Jacke. Emir erschrak. »*Was ist, wenn der Passagier einfach eine Pistole zieht? Dann kann der Mann im Kofferraum auch nichts machen …*«, dachte er sich wütend.

Dann sah er das Handy. Der Mann blickte ihn misstrauisch an und begann, eine SMS zu tippen.

»*Was für eine dumme Ermittlung!*«, ärgerte sich Emir.

Endlich waren sie an der neuen Zieladresse angelangt. Sie standen vor einem großen, etwas heruntergekommenen Wohnblock in Neukölln. Der Verdächtige stieg aus und sagte nur: »Warten Sie hier unten, ich muss nur etwas abholen. Ich möchte dann weiter zum Flughafen.«

Nachdem der Mann im Haus verschwunden war, atmete Emir auf. Er fuhr ein paar Straßen weiter, stieg aus und öffnete den Kofferraum. Verärgert rief er dem dort liegenden Polizisten zu: »Verdammt, wo ist der andere Polizeiwagen?«

»Ich habe Ihnen doch gesagt, dass der Wagen uns mit Abstand folgt, das wäre doch sonst viel zu auffällig! Er wird gleich hier sein.«

»Das ist mir egal. Sie haben nun die Adresse, ich fahre weiter! Mit leerem Kofferraum, das ist mir zu gefährlich. Ich bin Taxifahrer, kein Polizist.«

Der Pakistaner stieg ein und ließ den protestierenden

Kofferraum-Ermittler im Regen stehen. Seine Schicht brach er für diesen Abend ab. Was in diesem Fall ermittelt wurde, weiß er bis heute nicht. Sein Kofferraum ist seitdem jedenfalls Tabuzone für Passagiere aller Art.

Nachts im Klärwerk

Startpunkt: München – Ludwigstraße
Taxifahrer: Armin M., fährt seit 11 Jahren Taxi

Armin M. trägt einen gemusterten Strickpulli und eine blaue Bundfaltenhose. Er ist etwa 60 Jahre alt und sehr redselig. Bei ihm wird man die komplette Taxifahrt blendend unterhalten, auch wenn man selbst nicht mehr als ein »Ja, ja« einwerfen kann.

Auf Höhe der Universität stieg vor einigen Jahren ein scheinbar ganz normaler Fahrgast mit Halbglatze und Brille bei Armin ein. An diesem Abend im April trug der Passagier Jeans, ein dunkelblaues Poloshirt, eine Sportjacke und Turnschuhe.

»Du weißt nie, was oder wer als Nächstes auf dich zukommt«, erzählt Armin. »Aber diese Fahrt werde ich nie wieder vergessen.«

Bei Abfahrt auf der Ludwigstraße erklärte der Mann: »Wir fahren jetzt in die Kläranlage Großlappen.«

»Das ist ja nun ein eher ungewöhnliches Ziel!«, lachte Armin unbekümmert. Der Fahrgast starrte ohne Kommentar aus dem Seitenfenster.

»Was will der denn da?«, fragte sich der Taxifahrer insgeheim. *»Vor allen Dingen um diese Uhrzeit? Die Kläranlage hat doch um acht Uhr abends bestimmt schon geschlossen, oder?«* Das ließ ihm keine Ruhe. »Darf ich

fragen, was Sie nachts in einem Klärwerk machen? Arbeiten Sie dort?«, fragte der Taxifahrer den Passagier höflich.

»Das geht Sie einen Dreck an«, entgegnete der Mann unfreundlich. »Fahren Sie weiter.«

Durch diese barsche Antwort herrschte plötzlich eine unangenehme Stimmung im Taxi. Deshalb schaltete Armin das Radio ein, aber auch die Musik konnte die Spannung in der Luft und Armins ungutes Gefühl nicht vertreiben.

»Das bildest du dir bestimmt nur ein«, beruhigte sich der Taxler selbst. *»Wahrscheinlich ist der einfach schlecht gelaunt, hatte Ärger in der Arbeit, und alles ist in bester Ordnung. Aber komisch ist das schon mit der Kläranlage …«*

Während die Dämmerung einsetzte, fuhr er weiter in Richtung Großlappen. Die Strecke führte über die Freisinger Landstraße. Irgendwann erreichten sie den Eingang zur Kläranlage. Das Pförtnerhäuschen war nicht besetzt. Ein großes Tor versperrte den Eingang. Die Fahrt hatte knapp 15 Minuten gedauert, aber es war bereits dunkel, als sie dort eintrafen.

»Ich sperre Ihnen das Tor auf, dann fahren wir weiter den Weg zur Anlage hinauf«, wies der Fahrgast den Taxler an.

Scheppernd schob er das große Tor auf, stieg dann wieder ein, und Armin fuhr die Auffahrt zum Eingang der Kläranlage hinauf. Rechts neben dem Haupteingang stand eine gelbe Telefonzelle. »In den 70er-Jahren gab es ja noch keine Mobiltelefone, und man fand deshalb an fast jeder Ecke Telefonzellen. Hier wollte der Fahrgast aussteigen«, erzählt der Taxifahrer.

»Bleiben Sie hier stehen«, ordnete der Passagier an. »Ich muss einen Anruf machen. Warten Sie im Taxi auf mich. Ich brauche Sie später, aber ich habe hier noch was zu erledigen!«

»Aha«, entgegnete Armin argwöhnisch. Der Mann mit Halbglatze stieg aus und ging über den knirschenden Kies auf die Telefonzelle zu. Während des Gesprächs schien er sehr erregt, das konnte man bis zum Taxi hören. Offensichtlich stritt er heftig mit jemandem. Dann sah der Fahrer zu seinem Entsetzen, dass ihn sein ungutes Gefühl nicht getäuscht hatte. Der Mann zog während des Telefonats eine Waffe unter der Jacke hervor und überprüfte sie.

Armin war in Panik. Er musste jetzt handeln. Er könnte einfach losfahren, aber würde der Mann in der Telefonzelle dann nicht auf ihn schießen? Deshalb entschied er sich, einen Notruf über Funk abzusetzen. So leise wie möglich gab er die Fakten durch und wurde sich dabei der Skurrilität seiner Worte bewusst: »Hilfe, ich brauche die Polizei im Klärwerk Großlappen, ich bin hier mit dem Taxi bei der Telefonzelle am Haupteingang. Ich habe einen unheimlichen Passagier, der eine Waffe dabeihat. Er telefoniert gerade, aber ich glaube, er hat etwas damit vor … Bitte beeilen Sie sich!«

Armin schloss die Augen und hoffte inständig, dass der Notruf ernst genommen wurde und die Beamten schnell eintreffen würden.

Einen Moment später trat der Unheimliche wieder ans Taxi und öffnete die Fahrertür. »Wir warten hier auf meinen Bruder. Der wird in ein paar Minuten da sein. Den erschieß ich dann. Und dich gleich mit, wenn du irgendwelchen Blödsinn machst. Und jetzt her mit dem Autoschlüssel!«, verlangte der Psycho und hielt dem Fahrer dabei die Waffe an den Hals. Armin nickte schwach und zog zitternd den Schlüssel ab.

Die Sekunden vergingen wie in Zeitlupe. Der Taxifahrer schwitzte und fürchtete um sein Leben. Dieser Verrückte machte keine Scherze, da war er sich sicher. Nach einer gefühlten Ewigkeit war ein Auto zu hören, das die Auffahrt hochfuhr. Der Bewaffnete ging ein paar Schritte nach vorn, um den sich nähernden Wagen schneller erkennen zu können.

Armin konnte sein Glück kaum fassen, nicht das Auto des Bruders kam den Weg herauf, sondern zwei Streifenwagen. Die Polizei war überraschend schnell gewesen und fuhr ohne eingeschaltete Sirene näher.

Dann überschlugen sich die Ereignisse. Der potenzielle Mörder floh in die Dunkelheit ins Gebüsch nebenan. Die Beamten sprangen aus dem Wagen ihm hinterher. »Stehen bleiben!«, riefen sie, und einer setzte einen Warnschuss ab.

Einer der Polizisten lief in der Zwischenzeit zum Taxi.

»Alles in Ordnung mit Ihnen? Hat er Ihnen etwas angetan?« Unendlich erleichtert und voller Adrenalin im Blut, schüttelte der Taxler den Kopf. »Nein, aber er hat seinen Bruder angerufen, er wollte ihn erschießen. Er hat eine Pistole!«, erklärte er dem Polizisten knapp.

Nach kurzer Zeit hatten die anderen Beamten den Entlaufenen gefasst und führten ihn in Handschellen zurück. Armins Personalien waren bereits aufgenommen.

»Haben Sie eigentlich schon Ihr Geld bekommen?«, fragte einer der Beamten Armin beiläufig.

»Äh, nein – hab ich nicht«, sagte Armin. Eigentlich war das Taxameter so ziemlich das Letzte, woran er gedacht hatte. Aber ein Polizist ging auf den Festgenommenen zu, knöpfte ihm den fälligen Betrag ab und drückte dem erstaunten Taxifahrer das Geld und den Autoschlüssel in die Hand.

»Sie können jetzt nach Hause fahren«, sagte der Polizist. »Wenn wir noch Fragen haben, melden wir uns.« Armin blickte irritiert auf die Scheine und startete den Wagen.

»Wenn der Bruder eingetroffen wäre, hätte er den wirklich erschossen, da bin ich mir ganz sicher. Der war nicht mehr zurechnungsfähig! Soweit ich weiß, kam der dann in eine Irrenanstalt«, erzählt Armin. »Ich frage mich bis heute, warum der in die Kläranlage wollte! Und warum er mit dem Taxi dorthin gefahren ist. Obwohl, so genau will ich das dann vielleicht doch nicht wissen.«

In letzter Minute

Startpunkt: New York City – Manhattan
Taxifahrer: Name und Berufsdauer unbekannt

Der Fahrer war ein älterer Indianer mit markantem Gesicht und entsprechenden Native American Accessoires im Vorderbereich seines alten Chevrolets. Fahrgäste waren Matthias S. und seine Freundin Verena P., beide Anfang 30, die in New York Urlaub gemacht hatten.

Verena war leider am Ende ihres New-York-Aufenthaltes krank geworden. Sie hatte an die 40 Grad Fieber und war froh über die Rückreise. Mit umfangreichem Gepäck beladen, versuchte das Paar an einem Sonntagvormittag in Manhattan ein Taxi aufzuhalten, das es zum Flughafen JFK brachte. Wo der Straßenbelag sonst vor lauter gelben Wagen nicht zu sehen ist, war am Sonntag Tumbleweed-Stimmung. Nach einer halben Stunde stoppte endlich ein alter Chevrolet. Der Indianer warf die Koffer ins Auto und startete den Wagen. Zuckelnd setzte sich dieser in Bewegung, während die mit Perlen bestickten Mokassins am Rückspiegel gegen den Traumfänger schlugen.

Verena lehnte sich erschöpft zurück. Sie hatte sich mit Medikamenten vollgepumpt, um den Flug zu überstehen, und überließ alles Weitere ihrem Freund. Der wusste zwar, dass sie spät dran waren, kannte aber auch den Weg zum Flughafen und rechnete sich aus, dass es zwar knapp werden würde, aber machbar war. Nach einiger Zeit wunderte er sich jedoch über die Strecke, die der Fahrer nahm.

»Wir müssen zum Flughafen JFK, ich glaube, Sie fahren in die falsche Richtung!«, machte er den Taxler auf Englisch aufmerksam.

Der Indianer verzog keine Miene, nickte kaum merklich mit dem Kopf und machte eine unheilvolle Handbewegung geradeaus. Matthias beobachtete die Augen des Fahrers nervös durch den Rückspiegel. Irgendwann fing das Taxi an, merkwürdige Geräusche von sich zu geben. Der Fahrer schien dies zwar zu bemerken, fuhr aber stur weiter. Es ruckelte und zuckelte und zischte.

»Na super, kranke Freundin, falscher Weg und kaputtes Taxi«, dachte sich Matthias genervt. Ihm kam das Ganze schon sehr merkwürdig vor. Die Gegend, durch die sie fuhren, war ihm auch komplett unbekannt und definitiv kein gutes Viertel. Die Situation war genauso, wie man sie aus Zeitungsberichten und dem Fernsehen kannte: »Naive Touristen in New York ausgeraubt«, »Urlauber zusammengeschlagen hinter Mülltonne gefunden«, »Taxifahrer lockt deutsches Paar in die Falle«, usw.

Matthias aber hatte die Situation im Griff und setzte ganz agentenmäßig per Handy einen Notruf an einen New Yorker Freund ab. »Ben, sind im Taxi 6Y96. Ruf die Polizei, wenn ich mich in einer halben Stunde nicht melde. Matthias.«

Tatsächlich hielt der immer unheimlicher wirkende Indianer wenig später in einer Nebenstraße zwischen Müllcontainern und Wellblechhütten an und stieg aus. Matthias sprang für alle Fälle ebenfalls aus dem Taxi.

Scheinbar planlos ging der Fahrer ein paarmal um sein Auto herum und schlug mit dem Stiefel kräftig gegen die Reifen. *»Aha, der wärmt sich wohl schon mal für einen Kampf auf«*, vermutete Matthias nervös und machte sich auf den sicheren Angriff gefasst. Verena murmelte fiebernd unverständliche Worte auf der Rückbank. Zu seiner Überraschung stieg der Fahrer dann jedoch völlig unerwartet wieder ein. Offensichtlich hatte er mit den Tritten gegen den Reifen nur eine lockere Felge befestigt.

Doch diese Trittreparatur schien der Wagen seinem Besitzer übel zu nehmen: Jetzt fuhr das Taxi höchstens noch 20 km/h. Matthias war ziemlich erleichtert über die ausgebliebenen Handgreiflichkeiten, doch jetzt standen sie unter akutem Zeitdruck, und er fing an zu drängeln. Sie waren nicht nur in einer ihm völlig unbekannten Gegend, sondern noch dazu im Schneckentempo unterwegs.

»Wir müssen allerspätestens in 15 Minuten am Flughafen sein! Geben Sie mal endlich Gas, wir verpassen sonst unseren Flieger!«

Der Fahrer verzog nach wie vor keine Miene, trat aber alibihalber das Gaspedal durch, ohne dass der Wagen dadurch auch nur einen Kilometer schneller gefahren wäre. Wenig später kam die Gegend Matthias wieder bekannt vor, und er erkannte, dass sie einen Riesenumweg zum Flughafen gefahren waren. Das Taxi war kurz vor dem Zusammenbrechen. Kaum vorstellbar, dass die klapprige Kiste bis JFK durchhalten würde, denn jetzt behinderte auch noch dichter weißer Rauch aus der Motorhaube die Sicht.

In letzter Minute und mit letzter Kraft des Fahrzeugs erreichten sie schließlich den Flughafen. Der Wagen zischte gequält, als sie vor dem Gebäude hielten. Matthias hatte nur einen 100-Dollar-Schein und der Taxifahrer natürlich kein Wechselgeld. Das war auch schon egal. Er war einfach froh, da zu sein, und drückte dem Indianer den Schein in die Hand. Der lächelte unergründlich, während Matthias mit seiner fiebrigen Freundin auch schon zum Check-in rannte.

»Zentrale Notruf!«

Startpunkt: München – Nordbad
Taxifahrerin: Sigrid S., fuhr 4 Jahre Taxi,
davon 2 Jahre lang nur nachts
(siehe »Das Zwetschgenmanderl«)

Unsere altbekannte, etwa 1,80 Meter große Sigrid trägt an diesem Tag ein Jeanshemd und Cowboystiefel ohne Socken. Sie lacht viel, man sieht ihr aber an, dass es in ihrem Leben auch Zeiten gab, die nicht so lustig waren. Offensichtlich hat sie sich aber nie unterkriegen lassen und verfügt über jene gewisse Robustheit, die einem nicht nur als Taxifahrer zugutekommt.

»Des andere Mal bin i am Nordbad gstandn. Und dann steign mir drei ausländische Fahrgäste ein. Und ins Taxi vor mir steigt no oana mit a blondn Frau. Und des is mir scho a bissl komisch vorkemma. Die Herrschaften warn auch sehr in Eile, so wie wenns jemand verfolgn würd«, erzählt Sigrid.

»Wo wolln Sie hinfahren?«, fragte sie.

»Berg-am-Laim-Straße«, antwortete einer der Herren mit starkem Akzent.

»Und wo genau?«

»Wir sagen später.«

Das war eine Sache, die Sigrid überhaupt nicht mochte: kein genaues Ziel vom Fahrgast genannt zu bekommen. Widerwillig und mit einem mulmigen Bauchgefühl fuhr sie in die Berg-am-Laim-Straße. Unterwegs unterhielten sich die Fahrgäste in einer Sprache, die sie noch nie gehört hatte.

»*Woher kommen denn die?*«, überlegte die Taxifahrerin. Später hatte sie den Eindruck, dass es in dem Gespräch um ihre Person ging. Die Männer tauschten finstere Blicke aus.

»Des war mir scho alles recht suspekt, und dann dacht ich mir, ich lass mir a Funkzentrale gebn. Ich woass gar ned, ob's des jetz no gibt, aber des war a Art Funküberwachung. Es gibt da so Codeworte, und wenn man die in den Lautsprecher sagt, dann woass die Person am andern Ende, dass ma in Gefahr is. Des hörn auch die übrigen Taxifahrer, und wenn des a Frau ruft, dann schaun die ganzen umliegendn Taxis, was da los is. Jedenfalls bieg i irgendwann in die Berg-am-Laim Straße ein, i hab den Funk auf volle Lautstärke gstellt und seh auch schon a paar Kollegen hinter mir fahrn.«

Die Fahrgäste wurden unruhig. Sie drehten sich nervös nach den Taxis um und wollten plötzlich aussteigen. Sigrid hielt gerne an. Die Männer warfen ihr das Geld zu und verschwanden schnell zwischen den Häusern.

»Die wolltn ned amal mehr des Wechselgeld ham. I war heilfroh, dass die weg warn, und bin dann wieda auf mein Stellplatz gfahrn. Kurze Zeit später hör i über Funk: ›Die Polizei bittet um Mithilfe, am Nordbad ist ein Schreibwarenladen überfallen worden. Die vier

Afghanen und eine blonde Frau befinden sich auf der Flucht.‹ I hab natürlich die Zentrale sofort angerufn. Und dann is glei a Haufen Polizei ausgrückt – aber i woass ned, was dann passiert is. I war froh, dass i da heil rauskemma bin …«

Fahrgast entlaufen

Startpunkt: München – Hauptbahnhof
Taxifahrer: Georg L., fährt seit 40 Jahren Taxi

Der freundliche Georg L. steht kurz vor der Rente und kann auf stolze vier Jahrzehnte Taxigeschichte zurückblicken. Hinter seiner runden Brille wirkt er fast ein bisschen weise. Er hat eine angenehme Stimme, die an die beruhigenden Sprecher von Naturdokumentationen erinnert.

Nachtfahrten sind nicht jedermanns Sache. Einerseits winken nachts höhere Ertragschancen und leere Straßen, andererseits sind diese mit einem größeren Risiko für den Taxifahrer verbunden. Viele Fahrer haben Unangenehmes erlebt und sind deshalb auf Tagfahrten umgestiegen. Georg hat sich von seinen unerfreulichen Erfahrungen nicht einschüchtern lassen.

Eines Nachts im tiefen Winter, in den 80er-Jahren, fuhr er mit seinem nagelneuen Opel Omega durch München. Der Taxler war stolz auf den Wagen, er hatte das Auto erst zwei Tage zuvor bekommen. In der Nähe des Hauptbahnhofes stiegen dann vier Passagiere bei ihm ein. Es handelte sich um zwei Paare, die sich offensichtlich gerade erst kennengelernt hatten. Die Männer trugen dunkle, etwas abgewetzte Mäntel und Wollmützen, eine der Damen hatte einen Pelz an, die andere trug einen Mantel mit Leopardenoptik. Die Frauen waren stark geschminkt und rochen nach billigem Parfüm. Die Männer waren wortkarg und sahen Furcht einflößend aus, einer hatte auf der Stirn eine Art Brandmal. Der andere hatte viele Pockennarben im Gesicht und stank nach Alkohol.

»Man fragt ja nicht nach den Hintergründen bzw. warum die jetzt in dieser Konstellation zusammen irgendwohin wollen«, erklärt Georg. »Aber irgendwie war das schon eine merkwürdige Truppe. Manchmal hat man solche Gestalten, aber an dem Abend kam ich mir fast vor wie ein Statist im Krimi.«

Das erste Paar (Brandmal und Leopardenmantel) wollte am Michaelibad aussteigen. Das andere (Pelzmantel und Pockennarbe) gaben Neuperlach als Ziel an. Kurz nach Ausstieg des ersten Paares entschied sich die zweite Dame überraschend um. Sie wollte nun doch alleine nach Hause gehen. Überstürzt und ohne eine Adresse zu nennen, stieg sie plötzlich an einer Ecke in Neuperlach aus. Der verbleibende Fahrgast auf dem Beifahrersitz war über diesen Vorfall verärgert und blickte noch düsterer drein. Georg war die Situation nicht ganz geheuer. Irgendetwas an der Sache war faul. Er beobachtete den Fahrgast heimlich. Sein Gefühl täuschte nicht. Kurz bevor sie am Ziel waren, sah er aus dem Augenwinkel, wie der finstere Passagier ein Messer aus dem Mantel zog.

Der Taxifahrer reagierte blitzschnell, er riss noch während der Fahrt die Tür auf und stürzte aus dem

Fahrzeug. Taxifahrer müssen sich wie bereits erwähnt aus genau diesem Grund nicht anschnallen. In seiner Panik flüchtete er zum nächsten Einfamilienhaus. Das Taxi schlitterte währenddessen auf der schneeglatten Straße weiter und kam schließlich zum Stehen.

»Ich bin froh, dass ich so schnell reagiert habe. Wer weiß, was sonst passiert wäre? Es war mitten in der Nacht, trotzdem klingelte ich an irgendeinem Haus dort Sturm – das war ja schließlich ein Notfall«, erzählt Georg.

Ein Mann im Morgenmantel öffnete verschlafen die Tür. Der Taxler schilderte seine Notsituation und wurde umgehend eingelassen. Die Familie erwies sich als sehr hilfsbereit und verständigte sofort die Polizei. Wenige Minuten später trafen mehrere Streifenwagen ein. Pockennarbe war in der Zwischenzeit auf den Fahrersitz gerutscht und mit dem Taxi davongebraust. Fahrgast entlaufen. Allerdings nicht ohne jede Spur. Glücklicherweise schneite es in dieser Nacht sehr stark. Aufgrund der späten Stunde waren fast keine Autos mehr unterwegs. Deshalb konnte man den Reifenspuren problemlos folgen.

Der Taxidieb war nicht der beste Fahrer. Der starke Schneefall und die glatten Straßen erschwerten seine Flucht. Wahrscheinlich hatte ihn die gesamte Situation auch nervös gemacht, denn kurz nach der Taxiübernahme geriet er mit dem Fahrzeug ins Schleudern und fuhr gegen einen Betonpfeiler. Ab hier war der Gauner dann zu Fuß unterwegs und hinterließ auch da wieder eindeutige Spuren im Schnee. Mühelos erwischten die Gesetzeshüter wenig später den flüchtigen Mann. Sie zogen ihn in einem Hinterhof zwischen Mülltonnen hervor. Das Ganze abzustreiten wäre sinnlos gewesen, die Beweise waren zu eindeutig.

»Wie sich dann herausstellte, hatte der Kerl noch eine ganze Menge mehr Dreck am Stecken, Drogen, Raubüberfall, was weiß ich ...«, erzählt Georg. »Die Polizei nahm ihn mit aufs Revier, und dann ging alles seinen Weg. Es kam zur Verhandlung, er wurde bestraft usw.«

Der Taxler erinnert sich: »Der Schaden an meinem neuen Opel betrug 12.000 DM, da konnte ich gleich meine Vollkasko nutzen. Immerhin ist mir nichts passiert – das ist das Wichtigste. Der hätte bestimmt zugestochen, wenn ich mich da gewehrt und nicht so rasch reagiert hätte. Und auch der Frau ist zum Glück nichts geschehen. Gut, dass die vorher ausgestiegen ist. Ich bin froh, dass ich damals auf mein Gefühl gehört habe. Manchmal muss man sehr schnell handeln. Auf jeden Fall war das das einzige Mal, dass mir ein Fahrgast entlaufen ist!«

Alltagshelden

Der Anton aus Tirol

Startpunkt: München – Oktoberfest
Taxifahrer: Peter A., seit 22 Jahren Taxifahrer

Peter A. fährt einen gepflegten, alten Mercedes mit Ledersitzen. Er ist Ende 60, trägt ein hellblaues Hemd mit schwarzer Weste und sehr kurzes graues Haar. Mit seinem sympathischen, zufriedenen Gesicht sieht er immer so aus, als würde er lächeln. Er ist der Typ, den man sich als Opa wünscht.

Oft geht es in Taxikreisen im Zusammenhang mit der spannendsten Geschichte um die weiteste Fahrt. Alles ab 100 Kilometer versetzt einen Taxler in eine Art Hochstimmung oder schreckt ihn in einigen wenigen Fällen komplett ab. Vermutlich existiert eine Art geheimer Wettkampf um den entferntesten Zielort und die längste gefahrene Strecke. Und manchmal lassen sich Taxifahrer deshalb auf ungewöhnliche Geschichten ein.

»Ich fahr eigentlich immer zur Wiesn«, beginnt Peter. »Das ist nicht selbstverständlich, das Geschäft ist zwar gut, aber manche Kollegen haben schlechte Erfahrungen gemacht und meiden die Zeit oder umfahren zumindest das Oktoberfest großräumig. Und dann ist es ja so: Auf der Wiesn gibt es immer zu wenig Taxis, alle stürzen auf dich zu und versuchen, dich mit irgendeiner

Geschichte zu überreden, sie zu fahren. Und wenn dann einer kein Geld hat, dann schmeißt man ihn als Taxler gleich wieder raus. Die haben dann alles versoffen und wollen sich umsonst heimfahren lassen. Ja, da gibt's schon so ein paar ganz schlaue Kandidaten.« Peter macht eine bedeutsame Pause, zieht die Augenbrauen hoch und lächelt verschwörerisch: »Aber auf der Wiesn, da hatt ich auch wirklich mit Abstand die beste Geschichte meiner Taxikarriere. Eines Abends reißt mir einer mit Lederhose und Trachtenhut die Tür auf und steigt einfach ein.«

»Griaßti, i bin dar Anton, und i han a Problem«, verkündete der Fahrgast in astreinem Tirolerisch. »I han kann Cent mia in dar Tascha, mir haba sie auf dar Wiesa d'Galttascha gschtohla, und i muass nach Sankt Anton am Arlberg fohra.

»Ja genau! So 'nen Schmarrn kannst wem anderen erzählen! Das ist ja wirklich die schlechteste Lüge, die ich je gehört habe!«, dachte der Taxifahrer.

Peter erinnert sich: »Ich weiß wirklich nicht, warum ich mich an diesem Abend darauf eingelassen habe, aber irgendwie hat es der Anton geschafft, mich zu überreden. Er hat mir hoch und heilig und bei seiner Lederhose – oder was weiß ich bei wem – versprochen, dass ich mein Geld bekomme. Außerdem hab ich ihm irgendwie vertraut. Ein Riese, groß und schwer, aber ein rotbackiges, fröhliches Gesicht wie ein kleiner Junge.

Einer, der zupacken kann und hilft, wenn man in Not ist – so einer war der Anton. Ich hab einfach auf mein Bauchgefühl vertraut.«

Die Fahrdauer nach St. Anton am Arlberg beträgt etwa zweieinhalb Stunden. Bei einer Fahrt von knapp 200 Kilometern nicht bezahlt zu werden ist ein schwerer Verlust für den Taxifahrer.

»Aber irgendwas daran hat mich auch gereizt, so weit fährt man nicht so oft in seiner Taxilaufbahn. So ein Glück darf man sich eigentlich nicht entgehen lassen. Ich hab mich also entschieden, das Risiko einzugehen«, erzählt Peter.

Die Fahrt verlief hervorragend. Anton und Peter verstanden sich blendend. Der Fahrgast sprach herrlich tirolerisch und erzählte dem Taxifahrer seine gesamte Lebensgeschichte. Er war in St. Anton geboren und aufgewachsen und arbeitete dort in dem größten Sporthotel vor Ort, das seinem Vater gehörte.

»Auf der Fahrt – kurz nach Mitternacht – bat er mich dann, beim McDonald's rauszufahren«, erzählt Peter weiter. »Er wollte hier mit Big Mac und Cola auf seinen Geburtstag anstoßen. An dieser Stelle wurde ich misstrauisch, irgendwie war das alles langsam ein bisschen zu viel. Auch noch Geburtstag, so ein Zufall! Aber ich konnte nicht mehr zurück, außerdem war die Fahrt mit dem Anton ja auch lustig. Aber – ich bezahlte. Der Tiroler versicherte mir, dass er das im Anschluss alles wieder in Ordnung bringen würde. Ich hatte ja bereits eine Entscheidung getroffen und dachte mir, na ja – jetzt ist auch schon alles wurscht. Da musst du jetzt durch.«

Irgendwann mitten in der Nacht fuhr das Taxi in St. Anton am Arlberg ein. Der Ort zeigte sich im Mondlicht, umgeben von majestätischen Berggipfeln. Schließlich erreichten sie das Sporthotel.

»Anton hatte nicht übertrieben. Als ich das Hotel von seinem Vater sah, wusste ich, der Anton würde bezahlen«, berichtet der Taxifahrer lachend. »Der Tiroler hatte mir kurz vor der Ankunft auch angeboten, dass ich selbstverständlich im Familienhotel übernachten könne, wenn ich nicht mehr nach München zurückwolle. Spontan fuhr ich also in die Tiefgarage und blieb in St. Anton. Ich bekam gleich eine Suite mit Minibar und allem, was dazugehört. Am nächsten Morgen überredete mich Anton dann, das ganze Wochenende zu bleiben. Er wollte sich für mein Vertrauen bedanken. Der hat mich wie einen Helden behandelt. Er war so froh, dass ich ihm aus der Patsche geholfen hatte, dass er wirklich alles für mich tat. Unter normalen Umständen würde ich nie in so einem tollen Hotel übernachten, das war schon ein Wahnsinn, ehrlich. Alles vom Feinsten, super Zimmer, tolles Frühstück, und der Anton hat mir alles gezeigt dort. Wir haben heute auch noch Kontakt miteinander. Meine Fahrt hatte sich mehr als gelohnt, und ich glaube, das war wirklich der beste Fahrgast, den ich je hatte. Manchmal zahlt sich Vertrauen eben doch aus.«

Stille im Wesertunnel

Startpunkt: Bremen – Hauptbahnhof
Taxifahrer: Günter W., fährt seit 36 Jahren mit Unterbrechungen

Günter bezeichnet sich selbst als proletarischen Pitbull und gehört zum linken alternativen Establishment dieser Republik, einer sehr ausgeprägten, wertkonservativen Variante. Das Taxifahren hat ihn zwischen vielen unterschiedlichen Tätigkeiten immer über Wasser gehalten. »Wenn ich irgendeinmal nicht mehr fahre«, erzählt er lachend, »würde ich gerne in den Bundestag, wobei mir die sechsminütige Redezeit nicht ausreichen dürfte.«

Die NordWestBahn ist eine unter anderen in Bremen ansässige Eisenbahngesellschaft. Für Rollstuhlfahrer gibt es nicht an jedem Bahnhof adäquate Ausstiegsmöglichkeiten. Deshalb bietet die Bahn ihren Kunden den Service an, sich bei Bedarf von einer behindertengerechten Taxe am Hauptbahnhof abholen zu lassen, um zum Zielbahnhof gebracht zu werden.

Günter fährt einen Mercedes Sprinter und ist deshalb prädestiniert für solche Aufträge.

An diesem Tag wartete der Fahrer wie vereinbart am Bahnhof auf seinen Passagier. Er kannte den Kunden bereits; der ehemalige Reeder war ein äußerst sympathischer und engagierter Mensch.

Sie fuhren zu einem Café nach Nordenham, wo der etwa 50-Jährige seine Familie traf.

Nach dem Treffen holte ihn Günter wieder ab, und es ging zurück nach Bremen. Auf dieser Strecke unterquert man den Wesertunnel. Die beiden Männer unterhielten sich angeregt, die Autobahn war nur noch etwa zwei Kilometer entfernt. Doch im Tunnel wurde es dann auf dem Beifahrersitz ganz plötzlich still.

»Ich hab mich einfach auf den Verkehr konzentriert und bin dann auf die Autobahn gefahren. Und auf einmal merke ich, dass meine Hand leicht berührt wird.«

Der Taxifahrer sah zu seinem Fahrgast. Zu seinem Entsetzen saß dieser mit aufgerissenen Augen und kalkweiß auf dem Beifahrersitz. Günter überblickte sofort den Ernst der Lage: »Herr Wörner, was machen Sie denn?«, rief er und fasste ihn an der Schulter. »Was ist mit Ihnen los?«

Von der Beifahrerseite kam nur ein: »Hmm.« Herr Wörner konnte nicht mehr sprechen. Er hatte starke Atemnot und fasste sich verkrampft ans Herz.

»Ich fahr gleich rechts ran!«, rief der Taxifahrer und hielt verzweifelt nach einer Ausfahrt Ausschau. »Halten Sie durch!«

Glücklicherweise kam einige Hundert Meter weiter bereits ein Autobahnparkplatz.

»Versuchen Sie bitte weiterzuatmen!«, ermahnte Günter den Rollstuhlfahrer eindringlich.

»Bevor jemand abkippt, muss man ihn bei Laune halten, weil so die Atmung und damit die Versorgung des Gehirns am besten sind. Sonst muss man Reanimationsmaßnahmen anwenden. Ich war neben dem Zivildienst selbst eineinhalb Jahre im medizinischen Bereich tätig. Das hat mir in dieser Situation wirklich geholfen«, erzählt Günter.

Am Parkplatz angekommen, verständigte er sofort Rettungswagen und Notarzt, sprang aus dem Auto und lief zur Beifahrertür.

»Herr Wörner, Sie müssen wach bleiben, der Notarzt ist gleich hier. Sie schaffen das!« Immer wenn sein Fahrgast wegzukippen drohte, rüttelte der Taxifahrer ihn wieder wach und sprach die ganze Zeit eindringlich mit ihm.

Der Rettungswagen war sehr schnell. Es dauerte exakt zwölf Minuten, bis er eintraf.

»Ich glaube aber, das waren die längsten Minuten in meinem Leben«, erzählt Günter. »Es kam mir wirklich endlos vor.«

Zu dritt hievten sie ihn auf die Trage. Der Notarzt stand bereit. Der Mann war in einer Art Wachkoma. Er reagierte zwar auf Ansprache, nahm das Gesagte aber nicht mehr wahr. Er wurde in ein Krankenhaus nach Bremerhaven gebracht.

»Ich wollte natürlich schon wissen, wie das weitergegangen ist«, erzählt Günter. »Jedenfalls – ich konnte es kaum glauben – funkte mich Herr Wörner ein paar

Wochen später wieder an. Da erzählte er mir dann, dass er zweimal auf der Fahrt ins Krankenhaus einen Herzstillstand hatte. Die Sanitäter mussten ihn wiederholt reanimieren. In der Taxe hatte er also entweder einen Infarkt oder eine Insuffizienz. Er hat sich jedenfalls herzlich bei mir bedankt und gemeint, ich hätte ihm das Leben gerettet. Aber das ist ja eigentlich eine Selbstverständlichkeit.«

Gutes Karma

Startpunkt: München – Kultfabrik
Taxifahrer: Hans P., fährt seit 27 Jahren Taxi

Hans P. ist leger gekleidet und hat schulterlanges, etwas zotteliges Haar. Er trägt mehrere Jacken übereinander und eine dicke Brille, die seine Augen beängstigend vergrößert. Für besonders kalte Tage liegt eine karierte Decke bereit, die er sich über die Beine legen kann. Das Taxifahren hat der Mitte 60-Jährige eigentlich satt, aber seine Rente reicht nicht aus, deshalb macht er noch ein paar Jahre weiter.

»Ich bin früher in den Nachtschichten viel in die Kultfabrik gefahren«, erzählt Hans. »Das ist aber oft unangenehm. Da gibt's alles, Alkohol, Drogen, komische Leute. Da muss man sich genau anschauen, wen man einsteigen lässt. Die Geschichte ist aber schon ein paar Jährchen her.«

Die Kultfabrik in München ist eines der größten Partyareale Europas und wurde 2003 eröffnet. Auf dem ehemaligen Fabrikgelände befinden sich über 25 Klubs, Diskotheken, Bars, Konzerthallen und diverse andere Veranstaltungsörtlichkeiten. Das Areal ist Anlaufpunkt für alle Musikrichtungen.

Kurz nach drei Uhr morgens öffnete eine schlanke Frau die Tür zu seinem Taxi. Sie war um die 30, hatte blondes lockiges Haar und trug ein eng anliegendes Kleid mit psychedelischem Muster. Beim Einsteigen ließ sie den Satz verlauten, den alle Taxifahrer lieben: »Nach Hause, bitte!«

»Also, ich sag in solchen Situationen immer ›Zu dir oder zu mir?‹«, erzählt der Taxler grinsend. »Dann entscheiden sich die Fahrgäste schnell. Doch diese Frau war überhaupt merkwürdig drauf. Nicht betrunken oder so, aber die hatte irgendwelche Drogen eingeworfen, glaub ich.«

Die Klubbesucherin breitete die Arme auf der Rückbank aus und verkündete dann euphorisch: »Messestadt Riem!«

»Aha«, sagte Hans emotionslos und fuhr los.

Während der Fahrt wippte sein Fahrgast hinten im Taxi zur Musik und schien immer noch in anderen Sphären zu sein. Über kurze Zeit versuchte die Frau, ein Gespräch zu führen, und schwärmte von einer Trance Party, auf der sie gewesen war. Aber Hans hatte keine Lust auf Unterhaltung und drehte die Musik einfach etwas lauter.

Kurz vor Riem sagte er dann: »So wir sind gleich da. Wo müssen Sie denn jetzt genau hin?«

Mit aufgerissenen Augen blickte sie ihn erstaunt an, als ob er sie gebeten hätte, ihm die Relativitätstheorie zu erklären.

»Oh, das hab ich jetzt vergessen …«, meinte sie nach kurzem Nachdenken.

»Na toll«, stöhnte der Fahrer. »Also, die Straße mit Hausnummer wär schon gut.«

»Mhm«, sagte die Partybesucherin, blickte aus dem Fenster und wippte weiter zur Musik, während sie auf die Willy-Brandt-Allee abbogen.

»Ich glaube, die Hausnummer ist 8«, dann fügte sie entschuldigend hinzu: »Ich wohne zurzeit bei einer Freundin.«

Die Architektur in dieser Gegend ist recht gleichförmig, und alle Straßenzüge ähneln sich stark.

»Das Viertel war zu dieser Zeit relativ neu«, erzählt der Taxler. »Ich kannte mich da auch nicht aus, es gab nur ein paar Straßen, viele Baustellen und dazwischen Felder. Also bin ich mit ihr wohl oder übel durch die Straßen gefahren, und wir haben immer vor der Nummer 8 gehalten.«

»Wohne ich hier?«, fragte die Orientierungslose beim ersten Mal. Zusammen stiegen sie aus und probierten den Schlüssel, der leider nicht passte.

»Na, dann suchen wir weiter«, seufzte der Fahrer.

Bei der nächsten Nummer 8 wohnte die Frau bedauerlicherweise auch nicht.

»Beim dritten Versuch hat's dann geklappt«, erzählt der Taxler. »Als der Schlüssel passte, ist sie mir um den Hals gefallen. Ich war auch wirklich erleichtert, muss ich sagen! Was hätt ich denn sonst mit der gemacht?« Lachend erzählt er weiter: »Ich weiß noch genau, was die zum Abschied zu mir gesagt hat, bevor sie im Haus verschwunden ist: ›Du bist ein guter Mensch, du hast gutes Karma gesammelt! Alles, was du tust, kommt früher oder später zu dir zurück!‹«

Erste Hilfe

Startpunkt: München – Donnersbergerbrücke
Taxifahrer: Zafer S., fährt seit 8 Jahren Taxi

Zafer stammt aus dem ehemaligen Jugoslawien, lebt aber bereits seit vielen Jahren in Deutschland. Was ihn besonders ärgert, ist mangelnde Zivilcourage sowie Ignoranz und Gleichgültigkeit in Notsituationen. »Man muss helfen, wenn man etwas sieht, nicht wegschauen«, erklärt er entschieden.

In dieser klirrend kalten Nacht in München fielen die Temperaturen auf minus 20 Grad. Dazu wehte ein eisiger Nordwind, der den Schnee aufwirbelte. Schön anzusehen, für jemand der im Warmen steht und das Ganze durch eine Scheibe beobachtet.

Zafer war glücklich, in seinem aufgeheizten Wagen zu sitzen, als er gegen ein Uhr nachts auf der Donnersbergerbrücke eine kleine Taxiansammlung entdeckte. Neugierig stellte er sich dazu. Er konnte sehen, dass einige Taxifahrer ausgestiegen waren und in ihren dicken Jacken und Fellmützen um eine gekrümmte Gestalt herumstanden. Der Teenager war nur mit Jeans und T-Shirt bekleidet und sprach aufgeregt mit einem der Fahrer. Nach und nach verzogen sich alle Taxler zu ihren Fahrzeugen und ließen den jungen Mann in der Kälte zurück.

»Was ist denn da los?«, fragte sich Zafer verärgert. *»Warum nimmt den denn keiner mit?«*

Er stieg aus und ging auf den Teenager zu: »Was ist denn mit dir los? Du bist ja schon halb erfroren!«

»Ich muss nach Odelzhausen, ich hab aber kein Geld.«

»Kein Geld? Komm dich mal aufwärmen.«

Der Teenager war schon ganz fleckig im Gesicht und zitterte erbärmlich. Neugierig beobachteten einige der Fahrer sie aus ihren Taxis.

»Mir ist meine Jacke geklaut worden«, erzählte der Junge, als er im warmen Auto saß. »Da war alles drin: Geld, Personalausweis, meine Fahrkarte, alles eben.«

»Na, dann müssen wir die Polizei rufen. Die werden dir helfen.«

»Bitte keine Polizei«, unterbrach ihn der Teenager schnell. Er war vielleicht 17 Jahre alt.

»Das ist ja Diebstahl, da kannst du doch nichts dafür!«, erklärte Zafer und wählte die Nummer.

Kurze Zeit später traf der Polizeiwagen ein, und zwei Beamte stiegen aus. »So, was ist hier los?«

»Dem jungen Mann hier wurde die Jacke geklaut, und jetzt hat er kein Geld und keine Fahrkarte für die Heimfahrt mehr.«

»Diebstahl, aha«, sagte der Polizist streng und kritzelte auf seinem Block herum. »Personalien?«

»Ja, das ...«, druckste der Junge herum. »Das ist alles in meiner Jacke.«

»Verstehe, verstehe. Aber deinen Namen wirst du ja

wohl nicht vergessen haben, oder?«, meinte der Polizist sachlich. »Der Fall ist aber eigentlich ganz klar. Wir brauchen jetzt die Nummer von deinen Eltern. Die rufen wir an, und dann holen die dich hier an der Donnersbergerbrücke ab. Dafür braucht man eigentlich keine Polizei!«

»Ja, aber die Diebstahlmeldung?«, mischte sich Zafer ein. Der Polizist war wenig hilfreich und griff zum Telefon.

»Bitte rufen Sie nicht meine Eltern an!«

Zafer sah ihn nachdenklich an, er ahnte schon, was da los war.

»Ich bring ihn nach Hause«, sagte er schnell zu den Beamten. »Ich kümmere mich darum. Vielleicht hat auch ein Freund die Jacke mitgenommen, sonst macht er später eine Verlustanzeige!«

Angesäuert rauschten die Beamten davon.

»Du kriegst Ärger, wenn du deine Eltern anrufst, oder?«, fragte der Taxifahrer den Jungen. »Bist du abgehauen?«

»Nein, das ist es nicht. Aber, also, ich hab meinen Eltern heute gesagt, ich geh zu einem Freund bei uns um die Ecke. Und dann bin ich auf das Konzert an die Donnersbergerbrücke gefahren. Das hatten mir meine Eltern eigentlich verboten. Da hat man mir dann die Jacke geklaut. Und jetzt kann ich nicht mehr nach Hause. Mein Vater wird total sauer, wenn der herausfindet, dass ich ihn angelogen habe. Außerdem ist ja auch noch meine Jacke weg mit allem … Das kommt jetzt alles raus – so ein verdammter Mist!«

Zafer überlegte. Nach Odelzhausen waren es etwa 35 Kilometer. *»Was soll's?«*, dachte sich der Taxler. Ärger mit dem Vater kannte er selbst nur zu gut. Der Teenager erinnerte ihn an sich selbst. »Ich hab auch oft Mist gebaut«, erklärte er dem Jungen. »Ich fahr dich jetzt heim. Du musst dafür nichts bezahlen. Aber das mit deinem Vater musst du selbst klären. Ich werd dich nicht verraten, aber du musst ihm die Wahrheit sagen!«

Der Teenager blickte ihn mit großen Augen an. »Das machen Sie? Echt?«

»Klar«, sagte Zafer. »Ich hab auch oft Ärger mit meinem Vater gehabt. Ist er sehr streng?«

»Puh ...«, meinte der Junge und verdrehte die Augen. Langsam hatte sein Gesicht wieder eine normale Farbe angenommen.

»Und deine Mutter?«, fragte der Taxler.

»Die wird auch stinksauer sein, wenn die merkt, dass ich auf das Konzert gegangen bin.«

»Das wird schon wieder«, meinte Zafer. Als sie gegen zwei Uhr vor dem Haus angekommen waren, brannte noch Licht.

»Scheiße«, sagte der Junge. »Jetzt kommt alles raus.«

»Soll ich mitkommen?«, fragte Zafer.

»Nein.« Der Teenager schüttelte den Kopf. »Das hilft auch nichts mehr. Aber ehrlich, ich glaube, Sie sind der netteste Mann, den ich je getroffen habe. Vielen Dank. Kann ich Ihre Telefonnummer haben, damit ich das später bezahlen kann?«

Dann stieg er aus und klingelte.

Zafer wartete noch, bis der Vater an der Tür erschien. Zunächst starrte dieser entgeistert auf seinen Sohn, dann nahm er ihn fest in die Arme. »Verdammt noch mal, wo warst du denn? Wir haben uns solche Sorgen gemacht!«, hörte er noch, dann fuhr er los.

Zwei Tage später erhielt Zafer einen Anruf. »Hallo, ich bin der Vater von Ben, ich würde gerne das Taxi bezahlen und wollte mich nochmals bedanken, dass Sie meinen Sohn nach Hause gebracht haben.«

»Das brauchen Sie nicht. Ich hab Ben ja gesagt, dass das so in Ordnung ist. Alles klar mit ihm?«

»Ja, alles bestens. Sind Sie sicher, dass Sie das Geld nicht wollen?«

»Ganz sicher«, sagte Zafer.

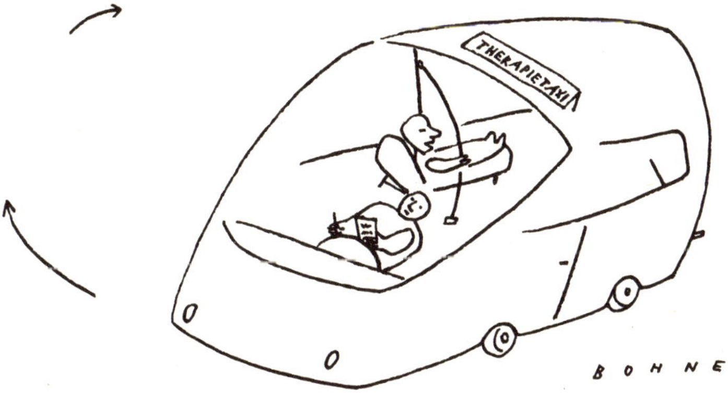

Das Therapietaxi

Startpunkt: München – Mittlerer Ring
Taxifahrer: Nils U., fährt seit 20 Jahren Taxi

Nils U. ist ungefähr 60 Jahre und stammt aus der Pfalz. Vor langer Zeit lernte er bei einem Blueskonzert in München einen Kollegen kennen, der ihm das Taxigeschäft schmackhaft machte. Am nächsten Tag stellte er sich dann bei dessen Unternehmer spontan vor und »blieb hängen«.

»Mir ist mal einer eingestiegen – das muss irgendwo in der Gegend von Neuhausen gewesen sein. Der hat schon recht merkwürdig ausgesehen. Irgendwie so, wie wenn er drei Tage nicht geschlafen hätte. Aber nicht betrunken oder auf Drogen, sondern einfach geschafft«, erzählt Nils.

Der Fahrgast ließ sich auf die Rückbank plumpsen. Seine Haare waren strähnig, er hatte sich sicherlich über eine Woche nicht mehr gewaschen und verströmte einen strengen Geruch. Auf sein Äußeres schien er überhaupt keinen großen Wert zu legen. So ungepflegt, unrasiert und nachlässig gekleidet wie er war, erinnerte er eher an einen Obdachlosen.

»Fahren Sie mal auf den Mittleren Ring, bitte«, bat er den Fahrer.

»In Ordnung«, sagte Nils und betrachtete den Mann im Rückspiegel. Mit leerem Blick starrte dieser aus dem Fenster. Er wirkte kraftlos, erschöpft.

Als sie auf dem Ring angekommen waren, sagte der Passagier plötzlich: »Wissen Sie, ich weiß einfach nicht, ob das alles noch einen Sinn hat …«

Der Taxifahrer horchte auf, er hatte selbst einmal als Therapeut gearbeitet und kannte diese Einleitung gut.

»Zuerst habe ich gedacht, der will sich vielleicht umbringen. Aber später hab ich gemerkt, der wollte nur reden. Er hat einfach jemand gebraucht, der ihm zuhört. Manche gehen dann ja in eine Kneipe und quatschen den Barmann voll. Und der ist eben zu mir ins Taxi gestiegen. Er wollte einfach auf dem Mittleren Ring herumfahren und mir seine ganzen Sorgen erzählen«, erinnert sich Nils. »Also, der hatte aber auch so ungefähr alle Probleme, die man sich vorstellen kann.

Manche erwischt es ja wirklich ganz dick. Seine Frau war weg, mit der ganzen Familie war er verkracht, im Job war er unglücklich und was weiß ich noch alles. Genau erinnere ich mich nicht mehr. Immerhin war er gesund. Da hatte ich wenigstens noch einen Punkt, an dem ich ansetzen konnte. Durch meine frühere Tätigkeit wusste ich auch genau, welche Fragen ich stellen musste.«

Nach der ersten Runde auf dem 28 Kilometer langen Ring um München fühlte sich der deprimierte Fahrgast etwas besser, wollte aber noch weiterfahren. Nach dem zweiten Kreis hatte sich seine Miene deutlich aufgehellt.

»Und nach der dritten Runde hatte ich den dann quasi komplett therapiert«, erzählt Nils stolz. »Ich konnte bei dem wirklich was bewirken. Das war wohl auch gut, dass der mich erwischt hat, manche Kollegen sind da nicht so empfänglich. Jedenfalls ist der ausgestiegen, hat gestrahlt und war ein völlig anderer Mensch. Der hat sich danach einfach wohlgefühlt. Vielleicht gibt es das ja mal offiziell? Das Therapietaxi, die Taxiseelsorge oder die anonymen Taxifahrer?«, erläutert Nils begeistert seine neue Geschäftsidee. »Das Personal wird speziell ausgebildet, und während der Fahrt legt sich der Patient dann auf die Rückbank. Ob man beim Therapeuten in irgendeinem Zimmer sitzt oder durch die Gegend fährt, ist doch im Grunde egal, oder?«

Mein jüngster Fahrgast

Strecke: München – Wettersteinplatz
Taxifahrer: Manfred S., fährt seit 38 Jahren Taxi
(siehe »Der neue Mercedes«)

Manfred S. kennen wir ja bereits. Der erfahrene Taxler fährt grundsätzlich nachts, wobei seine Nachtschichten immer von 20 Uhr abends bis 6 Uhr morgens dauern. Danach schläft er vier bis maximal fünf Stunden. »Mehr brauch ich nicht. Ich schlaf noch lange genug, wenn ich tot bin«, erklärt er gelassen. Manfreds ruhige Art war ihm bei vielen Fahrten sicherlich hilfreich. Das betrifft auch den aufregendsten Transfer seiner Taxikarriere.

Die Reaktionen der Taxifahrer auf die Frage, ob sie schon einmal eine Taxigeburt erlebt haben, sind sehr unterschiedlich. Obwohl es eine spannende Geschichte und ein außergewöhnliches Erlebnis ist, sind die meisten froh, bisher davon verschont geblieben zu sein. Von »Glücklicherweise hab ich es immer noch ins Krankenhaus geschafft«, bis zu: »So eine Sauerei kann ich in meinem Taxi nicht brauchen«, gibt es viele Stimmen. Außerdem geht eine Taxigeburt nicht in allen Fällen gut aus. Die große Verantwortung, der Rummel und natürlich auch die Säuberung des Fahrzeugs sind dem Großteil der Fahrer unangenehm.

Zwar hört man relativ häufig Geschichten von Taxigeburten, in Wirklichkeit kommen diese allerdings fast nie vor und wenn, dann wird ausführlich in der Presse darüber berichtet. Wie aber läuft nun so eine Taxigeburt tatsächlich ab? Wie reagiert man in so einer Situation? Manfred ist der einzige Taxifahrer, den ich getroffen habe, der sie tatsächlich selbst erlebt hat: die Taxigeburt.

An diesem kalten Novemberabend in den 70er-Jahren fuhr er nichtsahnend durch München Giesing, als er zum Wettersteinplatz gerufen wurde. Die hochschwangere Frau stand bereits im Hausflur und stützte sich im Rahmen der Wohnungstür mühsam ab. Ihr Gesicht war schmerzverzerrt: »Meine Fruchtblase ist schon geplatzt! Machen Sie schnell!«

»Ich rufe lieber einen Krankenwagen«, rief Manfred, als er das hörte. »Das Kind kann sicher jeden Augenblick kommen!«

»Nein!«, keuchte die Frau zwischen ihren Wehen. »Keinen Krankenwagen, das schaff ich nicht mehr! Sofort in die Klinik, bitte, machen Sie jetzt schnell! Helfen Sie mir!«

Eilig packte der Taxler ihre braune Tasche, schlang ihren Arm um seine Schultern und stützte die Frau auf den Stufen nach unten. Sie krümmte sich immer wieder zusammen, denn sie hatte bereits sehr starke Wehen. Als sie endlich am Taxi angelangt waren, verfrachtete Manfred sie auf die Rückbank. »Wenn Ihre Fruchtblase geplatzt ist, müssen Sie unbedingt liegen!«

Da er bei den Geburten seiner beiden Kinder dabei gewesen war, kannte er sich mit dem groben Ablauf aus.

»O nein, es geht schon los, es geht schon los!«, rief die Hochschwangere verzweifelt und sah ihn Hilfe suchend an.

»Halten Sie durch, zum Harlachinger Krankenhaus brauch ich nicht lange. Ich fahre, so schnell ich kann!«, machte er der Frau Mut, sprang ins Taxi und flitzte los. Über die Grünwalder Straße dauerte es bis zur Klinik bei günstiger Ampelschaltung nur etwa fünf Minuten.

»Ich halt das nicht mehr aus! Ich schaff das nicht alleine!«, stöhnte die Gebärende von hinten. »Bitte bleib noch drin!«, flehte sie ihr Kind an.

»Mist, rote Ampel«, dachte Manfred schwitzend und blickte in den Rückspiegel. Es sah ganz danach aus, als hätte die Frau bereits Presswehen. Verkrampft stemmte sie ein Bein gegen den Beifahrersitz und das andere gegen die Fensterscheibe. Das Kind musste tatsächlich jeden Moment kommen. Zum Glück war nur wenig Verkehr, Manfred hätte trotzdem gerne ein Martinshorn gehabt.

»Versuchen Sie, regelmäßig zu atmen! Es dauert nicht mehr lang!«

»Aaah«, brüllte die Gebärende von hinten immer wieder. »Es kommt, es koommmt!«

»Das schaffen Sie noch! Wir sind gleich da!«, rief Manfred, war aber nicht sicher, ob das stimmte, die Frau hinten schrie weiter laut in ihren Geburtswehen.

»*Vielleicht noch eine Minute bis zur Klinik …*«, dachte der Taxler hoffnungsvoll.

Angela bahnte sich jedoch mit einer solchen Kraft ihren Weg ins Leben, dass es selbst ein Porsche nicht mehr rechtzeitig geschafft hätte.

Wenige Meter vor dem Harlachinger Krankenhaus hörte Manfred plötzlich einen markerschütternden Schrei. Er ahnte, dass dies der Augenblick war, in dem das Kind auf der Rückbank seines Taxis das Licht der Welt erblickte. »Wir sind da! Ich hole Hilfe!«, rief er der Frau zu.

Er raste die Einfahrt zum Klinikum Harlaching hinauf, hielt mit klopfendem Herzen direkt vor der Notaufnahme, sprang aus dem Taxi und riss die Hintertür auf. Dann erblickte er das kleine Baby. Die tapfere Mutter hatte es ganz alleine während der rasanten Fahrt zur Welt gebracht.

»Es ist ein Mädchen! Das haben Sie gut gemacht!«, verkündete er der schwer atmenden Frau gerührt und legte ihr das kleine Bündel in die Arme. »Ich hole Ihnen sofort Hilfe!«

Er wusste, dass es nun schnell gehen musste. Die Nabelschnur musste durchtrennt, das Baby gewärmt und versorgt werden. Außerdem hatte die Frau den Geburtsprozess ja noch nicht beendet. Zu seiner Erleichterung fuhr genau in diesem Augenblick ein Rettungswagen die Einfahrt zur Notaufnahme hinauf. Die Sanitäter warfen ihm beim Aussteigen bitterböse Blicke zu: »Sie versperren uns die Einfahrt! Machen

Sie sofort den Weg frei … Es ist verboten, hier zu parken!«

»Ich hab doch auch einen Notfall!«, wehrte sich Manfred und deutete aufgeregt auf die offene Hintertür. »Sehen Sie das nicht? Die Frau hier auf der Rückbank hat gerade ein Kind geboren!«

Die Sanitäter machten große Augen, und dann ging alles sehr schnell. Der Notarzt ließ den anderen Patienten im Wagen liegen, packte seinen Koffer, eilte zum Rücksitz und durchtrennte die Nabelschnur. »Dem Baby geht es gut«, verkündete der Arzt zur Beruhigung aller wenig später.

»Obwohl das über 30 Jahre her ist, erinnere ich mich noch genau an das kleine Mädchen. Es hatte ganz schwarze Haare«, erzählt Manfred. »Auf meinem Vordersitz hatte ich noch eine frische Zeitung. Die hatte ich mir an diesem Morgen gekauft. Darin haben wir das Baby eingewickelt, damit es warm bleibt. Der Notarzt hat dann noch eine Decke um die Kleine geschlungen und sie mit ins Krankenhaus genommen.«

»Vielen Dank für Ihre Hilfe! Ohne Sie hätten wir das nicht geschafft …«, stöhnte ihm die erschöpfte Mutter zu, als sie auf einer Trage für die Nachgeburt in den Kreißsaal gebracht wurde.

Manfred blieb allein und aufgewühlt neben seinem Taxi zurück und atmete erleichtert und glücklich durch. Ungläubig starrte er auf seine Rückbank, auf der Minuten zuvor das kleine Mädchen zur Welt gekommen war.

»Am nächsten Tag hab ich die Frau und die kleine Angela im Krankenhaus besucht«, erzählt er lächelnd. »Sie hat sich nochmals herzlich bei mir bedankt, aber das war ja selbstverständlich. Ich hab bis heute Kontakt zu der Familie. Letztes Jahr war ich zu Angelas Hochzeit eingeladen, die haben mich nicht vergessen.«

Zusatzjob

Startpunkt: Leipzig – Feuerbachstraße
Taxifahrer: Julian M., fährt seit 3 Jahren Taxi

Julian M. hat ein ehrliches Gesicht mit braunen Augen und wuscheliges, ungekämmtes Haar. Er studiert in Leipzig Theaterwissenschaften und kommt ursprünglich aus dem Nest Lützen, wo einst Schwedenkönig Gustav Adolf sein Leben ließ. Neben dem Taxi-Job ist er auch Komparse beim Film und hat für eine Vorabendserie als Krankenpfleger dilettiert. Dass seine zwei Jobs einmal in der Wirklichkeit kollidieren, damit hätte Julian aber nicht gerechnet.

Die Zentrale rief Julian in die Feuerbachstraße. Es handle sich um eine ältere, hilfsbedürftige Dame. *»Der helfe ich die Treppe runter, klar. Das ist ja selbstverständlich«*, überlegte der Taxler und düste Richtung Waldstraße, in das prächtige Gründerzeitviertel. *»Es gibt ja viele Kunden, die Zusatzdienste erbitten. Apothekenservice, Kurieraufträge, Botenfahrten, das kenn ich alles.«*

Der Summer wurde nach dreimaligem Läuten betätigt. Eine dünne Stimme krächzte: »3. Stock!«

Julian stapfte die Stufen hoch. Oben öffnete ihm eine fragile, hochbetagte Frau mit unzähligen Falten im Gesicht. Wie ein kleiner, verschreckter Vogel stand sie im Türrahmen.

»Schön, dasse do sin. Wollnse nich nei gommen?«, bat sie freundlich.

Der Taxifahrer wollte nicht unhöflich sein, also trat er in die Wohnung. Diese war bescheiden eingerichtet, aber in blitzblankem Zustand. Ein alter Kachelofen in der Ecke und die gute Schrankwand aus DDR-Zeiten hatten überlebt. Bilder von Familienangehörigen waren dort sorgfältig neben gläsernen Pferden platziert. Auf dem Tisch mit Plastikspitzendecke war alles für den Nachmittags-Tee vorbereitet. Inklusive Zuckerherzen, Kondensmilch und Spritzgebäck.

»Ich steh aber unten im Halteverbot mit Warnblinker, also wir müssten dann los …«

»Wie wär's mid ä bissl Zuggor im Dee?«, fragte die Frau mit zittriger Stimme und wieselte durch die Küche. »Ach, ähm, viellaischd gönndense in dor Zwischenzeid mei Beddschen mochen. Das Gissen offschüddeln is für misch dolle schwer.«

Julian blickte die Alte verwirrt an: »Ja wissen Sie, ich bin ja eigentlich Taxifahrer, nicht der Pflegedienst …«

Perplex ging er dennoch ins Schlafzimmer. Ihr diesen Wunsch abzuschlagen brachte er nicht übers Herz. Während er das Bett machte, kam sie ins Zimmer und gab von hinten präzise Anweisungen, wie Kissen und Überdecken platziert werden sollten. Schließlich war die Aufgabe zu ihrer Zufriedenheit erledigt.

»So, nun müssen wir aber los!«, drängelte Julian. »Den Tee lassen wir mal lieber stehen.«

»Abbor ich wollde doch nur, dasse mei Beddschen

mochen«, meinte die alte Dame verwundert und goss unbeirrt den Tee ein. »Ich muss nürschendwohin …«

»Ich hab mich später gefragt, ob die das wohl jeden Tag macht«, erinnert sich Julian. »Das ist schon ganz schön frech, dafür einen Taxifahrer zu rufen. Ich war ihr aber nicht böse. Das war meine gute Tat an diesem Tag – und ein bisschen hab ich mich wie im Film gefühlt – da muss man ja auch immer wieder in andere Rollen schlüpfen.«

Frau Frost

Startpunkt: München – Theresienwiese
Taxifahrer: Jörg K., fährt seit 11 Jahren Taxi

Jörg K. hat sehr kurzes blondes Haar und ein Gesicht, auf dem sich ein Ausdruck tiefer Ernsthaftigkeit mit ansteckender Heiterkeit abwechselt. Er hat auf langen Reisen schon viel von der Welt gesehen und fährt grundsätzlich nachts Taxi.

Von Zeit zu Zeit kommt es in München vor, dass es bereits während des Oktoberfestes schneit. Vor einigen Jahren war die Stadt in jenem ungewöhnlich kalten Herbst am letzten Wiesn-Tag von einer weißen Schneeschicht überzogen, und die Temperaturen lagen um den Gefrierpunkt. München war zu diesem Zeitpunkt voller Touristen. Viele hatte die Kälte überrascht, und sie waren entsprechend unpassend gekleidet. Das Taxigeschäft lief blendend.

Als Jörg in dieser eisigen Nacht durch die Innenstadt fuhr, drängten sich die Menschen in den überfüllten Straßen rund um die Theresienwiese und stritten sich um die Taxis. Die Zelte hatten seit einiger Zeit geschlossen, und die Gäste suchten sich einen anderen Ort zum Feiern oder steuerten den Heimweg an. Am Straßenrand, mitten in der Menschenmenge, fiel dem Taxifahrer ein bildschönes Mädchen auf, das vergeblich versuchte, ein Taxi zu stoppen. Die junge Wiesnbesucherin trug nur ein dünnes Oberteil und einen kurzen Rock und zitterte erbärmlich. Sie musste schon eine ganze Weile so dastehen.

Jörg erinnert sich: »Ich hab gleich gesehen, dass mit der was nicht stimmt! Als ich näher an sie herankam, wusste ich auch, was. Jeder mit gesundem Menschenverstand hätte das gesehen: Die Frau war halb erfroren.«

Jörg hielt sofort an, drängte andere Wiesnbesucher ab und ließ das Mädchen einsteigen. Schlotternd setzte sie sich auf die Rückbank.

»Du meine Güte, Sie sind ja völlig unterkühlt!«, bemerkte der Taxifahrer besorgt. »Ich bringe Sie schnell nach Hause, damit Sie sich aufwärmen können. Wohin müssen Sie denn?«

Das Mädchen saß zitternd da, starrte den Fahrer an und gab keine Antwort. Jörg versuchte es auf Englisch, hatte aber auch damit keinen Erfolg.

Bei starker Unterkühlung kommt es bei den Betroffenen oftmals zu Sprachschwierigkeiten und Verwirrtheit.

»Deshalb hat sie also keiner mitgenommen. Sie konnte nämlich gar nicht mehr sprechen, sie konnte sich nicht mehr artikulieren und sagen, wohin sie musste! Das war mir aber egal, ich hab gewusst, dass ich die trotzdem mitnehmen muss, die wär ja sonst erfroren.«

Jörg stellte die Heizung ganz hoch und versuchte weiter, den Zielort herauszufinden. Nach einigen Versuchen gab er es auf.

»Ein bildhübsches Madl, also wirklich wahnsinnig hübsch! Sie war Amerikanerin, wie sich später herausgestellt hat. Aber ich wusste einfach überhaupt nicht, wohin ich sie bringen sollte.«

Dann kam dem Taxler eine Idee, wie er der halb Erfrorenen vielleicht noch helfen könnte: »Kannst du noch schreiben?« Er reichte ihr seinen Taxiblock und einen Stift. Zitternd ergriff sie den Kugelschreiber und kritzelte mühsam etwas auf das Papier. Tatsächlich konnte Jörg das Wort »Senefelder« erkennen.

»Ah! Du musst in die Senefelderstraße?«, sagte er erleichtert. Das war gut möglich. Er vermutete, dass sie in einer der dort ansässigen Jugendherbergen wohnte. Das Mädchen nickte, man konnte ihr die Erleichterung deutlich ansehen.

»Und dann hat die erst so richtig realisiert, was für ein Glück sie mit mir hat. Die hätt ja sonst auch keiner mitgenommen. Klar, wenn sie nicht weiß wohin. Na, jedenfalls hat sie mich ab diesem Zeitpunkt dann wohl als ihren Retter betrachtet und wollte sich anscheinend irgendwie bedanken.« Jörg macht eine bedeutungsvolle Pause und fährt dann grinsend fort: »Ich fahr also normal so dahin, und dann nach einiger Zeit, als sie schon ein bisschen aufgetaut war, dreht die meinen Kopf nach hinten und fängt an, mich zu küssen. Und dann ist mir gleich ganz anders geworden. Ich musste ja auf den Verkehr achten! Das müssen Sie sich mal vorstellen: Sie fahren gerade nichtsahnend Auto, und dann packt einer ihren Kopf, reißt ihn nach hinten – ohne Ansage – und steckt Ihnen die Zunge in den Mund! Also, da schaut man schon ein bisschen komisch!«

In diesem Moment fuhr obendrein noch ein Polizeiauto an Jörgs Taxi vorbei. Die Beamten tauschten kurz irritierte Blicke aus, unternahmen aber nichts weiter. An diesem Abend gab es wichtigere Einsätze, als einen knutschenden Taxifahrer zu verfolgen.

Mit seiner Situation war Jörg aber keineswegs unzufrieden: »Na ja, ich muss gestehen, sie hat mir ehrlich gefallen, sie war bildhübsch und absolut mein Typ! Und dann hab ich schon überlegt, wie das jetzt wohl weitergeht. Man weiß ja nie? Und während ich so überleg, kommt dann von hinten auf einmal – und wieder ohne Ansage – ein Geräusch: ›Brmmmm.‹« Jörg lacht schallend und erzählt weiter: »Die hat wohl von dem guten bayrischen Bier Blähungen bekommen. Und ich hatte ja die Kiste voll aufgeheizt – können Sie sich das vorstellen! Die hat sich gefühlt wie zu Hause, und durch die Wärme haben dann die Körperfunktionen wieder angefangen zu funktionieren. Herrlich ja, also wirklich, da war natürlich jegliche Erotik sofort so was von verflogen! Ich hab sie dann auf dem kürzesten Weg nach Hause gefahren. Aber so ein krasses Auf und Ab, das hab ich nie mehr erlebt!«

Bei Ankunft an der Jugendherberge tauschten Frau Frost und der Taxifahrer trotzdem noch ihre Adressen aus. Für die Magenwinde war er ihr nicht böse. »Das war echt ein Erlebnis, und die Amerikanerin war trotz allem der dankbarste Fahrgast, den ich je hatte!«

Im Bikini durch Schwabing

Startpunkt: München – Lerchenauer See
Taxifahrer: Georg L., fährt seit 40 Jahren Taxi (siehe »Fahrgast entlaufen«)

Unser alter Bekannter Georg L. fuhr bereits in den 70er-Jahren Taxi. Gerne denkt er an das Lebensgefühl der damaligen Zeit, die Olympischen Spiele in München und die legendäre Fußballweltmeisterschaft 1974 zurück. Ein völlig unsportliches Taxi-Erlebnis aus dieser Zeit ist ihm allerdings besonders in Erinnerung geblieben.

An einem schönen Frühlingstag in den 70er-Jahren wollte Georg seine Schicht frühzeitig beenden und noch eine Runde im Lerchenauer See schwimmen. Dort war noch nicht viel los, die Badesaison hatte erst begonnen, und die Temperaturen waren noch nicht wirklich einladend. Als er die Straße am See entlangfuhr, entdeckte er plötzlich von Weitem eine Frau, die in einem geblümten Bikini auf das Taxi zurannte. Die junge Dame wedelte wild mit den Armen.

Georg dachte sich: *»So eine Situation gibt's normalerweise nur bei ›James Bond‹.«* Er rieb sich die Augen. Die Frau war immer noch da, allerdings war sonst weit und breit kein anderer Seebesucher zu entdecken.

Sie wirkte sehr aufgeregt. Beim Näherkommen konnte der Taxler erkennen, dass ihre langen blonden Haare nass waren. Sie kam wohl gerade aus dem Wasser. Er grübelte, was da wohl los war: »*Vielleicht ist jemand im See in Not? Oder es hat sich jemand verletzt?*« Er schaute aufs Wasser hinaus, konnte aber nichts entdecken. Endlich war die Frau im Bikini bei ihm angekommen und rief völlig außer Atem durchs Fenster: »Hilfe! Sie müssen mir helfen!«

Der Taxifahrer erschrak. »*War hier ein Verbrechen geschehen? Vielleicht rannte ein Sittenstrolch herum oder ein Dieb?*«

»Natürlich! Steigen Sie bitte ein! Wie kann ich Ihnen helfen, was ist denn passiert?«

Er warf schnell sein Handtuch über den Beifahrersitz, das er für seinen Ausflug bereits zurechtgelegt hatte. Die sehr hübsche Frau setzte sich tropfend darauf, sah ihn unsicher an und sagte: »Also, ich bin da in so einer Art Notsituation.«

»Ist Ihnen etwas zugestoßen?«, fragte er besorgt. »Ist jemand hinter Ihnen her?«

»Nein, das kann man so nicht sagen …«

Sie fror, hatte am ganzen Körper Gänsehaut und schlug sein Handtuch um ihre Beine. Der Taxifahrer sah sie fragend an.

»Würden Sie mich bitte nach Schwabing bringen? Es ist nur so, dass ich dort erst Geld von einem Nachbarn holen muss, ich habe nämlich gerade nichts bei mir.«

»Oh«, meinte Georg irritiert. »Wieso haben Sie denn nur Ihren Bikini dabei?«

Der Gesichtsausdruck der Schwimmerin wechselte

von aufgelöst in wütend: »Das müssen sie meinen Exfreund fragen!«

»Entschuldigen Sie, das versteh ich jetzt nicht ganz«, sagte Georg.

»Na ja«, fing sie an, dann seufzte sie. »Ich muss es Ihnen ja doch erklären. Also, ich war hier mit meinem Freund beim Schwimmen, wir sind mit seinem Auto an den See gefahren. Alles lief gut, aber dann haben wir uns gestritten. Er war eifersüchtig, weil er herausgefunden hat, dass ich mich letzte Woche mit einem Bekannten getroffen habe.« Sie holte tief Luft und zog die Augenbrauen hoch: »Ich kann doch tun, was ich will, oder? Außerdem war da nichts. Das hab ich ihm auch ganz ruhig erklärt, aber er hat mir nicht geglaubt! Und dann wollte er nach Hause fahren und überhaupt …« Verärgert schüttelte sie den Kopf: »Also, der hat da einen Riesenaufstand veranstaltet! Der hat mir überhaupt nicht richtig zugehört, der Depp! Er ist wirklich sehr eifersüchtig, wissen Sie? Normalerweise braucht er dann kurz seine Ruhe und beruhigt sich wieder, das kenn ich schon. Also bin ich eine Runde schwimmen gegangen. Als ich zurück ans Ufer kam, war alles weg. Meine Schuhe, meine Kleidung, meine Tasche, mein Handtuch, alles! Also, der kann echt was erleben!«

Sie hatte sich nun richtig in Rage geredet. Wassertropfen spritzten durchs Taxi, während sie ihrem Ärger wild gestikulierend Luft machte: »Was denkt der Idiot sich eigentlich dabei? Wenn Sie jetzt nicht vorbeigekommen wären, hätte ich im Bikini nach Schwabing laufen sollen, oder was? Barfuß! Das sind doch mindestens sechs Kilometer!«

Georg unterdrückte ein Schmunzeln. So etwas war ihm noch nie untergekommen. Er wusste ja nicht, was sich da genau zugetragen hatte, vielleicht war die Rache des Freundes ja gerechtfertigt, und die Vorstellung, sie hätte im Bikini durch die Stadt laufen müssen, fand er ganz lustig.

»In den 70er-Jahren waren das ja schon noch andere Zeiten!«, erzählt der Taxifahrer. »Da war so etwas schon sehr ungewöhnlich! Ich hab dann mal eine Ausnahme gemacht und sie umsonst nach Hause gefahren. Wann hat man denn schon eine Dame im Bikini im Auto, oder?«

An jeder Ampel warfen Georg die nebenstehenden Autofahrer staunende Blicke zu. Viele Fußgänger drehten sich befremdet nach dem Taxi um.

Als sie die Wohnung in Schwabing erreichten, verlangte der Taxifahrer kein Geld. Die Frau im Bikini bedankte sich sehr herzlich. Sie war bestraft genug durch die ganze Aktion. Schnell stieg sie aus dem Taxi und huschte barfuß ins Haus. Eine ältere Frau goss gerade ihre Blumen auf dem Balkon und ließ beinahe die Gießkanne fallen.

»Ich hab mich immer gefragt, wie sie dann an den Schlüssel gekommen ist?«, rätselt Georg. »Entweder hat sie bei einem Nachbarn Asyl gefunden, oder der Übeltäter hat in ihrer Wohnung gewartet, wer weiß? Mit dem hätte ich in jedem Fall nur ungern getauscht. Sie war schon ziemlich wütend, hat die gesamte Rückfahrt über ihn geschimpft. Wobei – so ganz unschuldig kam sie mir auch nicht vor …«

Georg lächelt verschmitzt und versichert, dass er in einer ähnlichen Bikini-Situation wieder genauso handeln würde.

Abgefahrenes

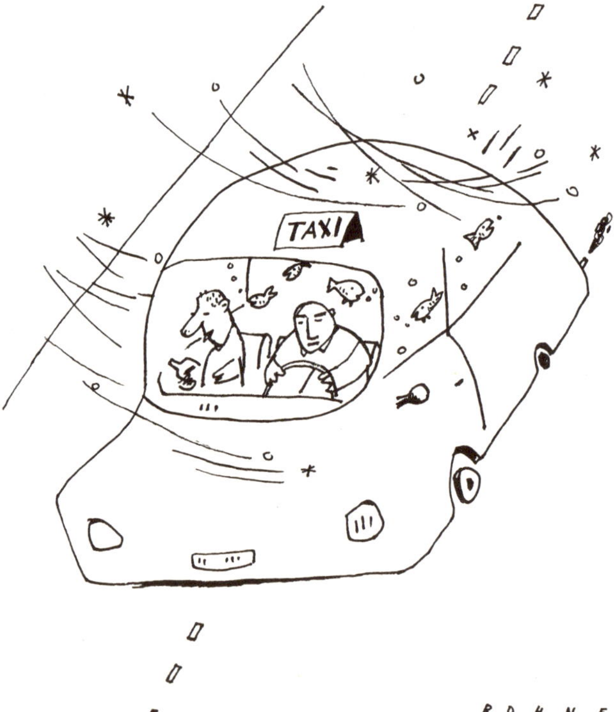

Heringe mit Herrmann

Startpunkt: Bremen – Columbus Hotel
Taxifahrer: Marco B., fährt seit 20 Jahren Taxi
(siehe »Zwei Minuten«)

In Marcos Taxi fühlt man sich sofort wohl. Der Bremer Taxifahrer ist sowohl bei seinen Kollegen als auch bei seinen Fahrgästen äußerst beliebt und hat viele Stammkunden. Seine ausgeglichene, unaufgeregte Art und sein diplomatisches Geschick waren ihm bei dieser Geschichte sicherlich von Vorteil.

Der Winter 1995/96 in Bremen war ungewöhnlich hart. Das Thermometer zeigte im Dezember minus 20 Grad an und der Schnee türmte sich über zwei Meter auf. Bei solchen Witterungsbedingungen läuft das Taxigeschäft natürlich richtig gut, da keiner mehr selbst fahren will und man diese Straßenverhältnisse dort ohnehin nicht gewöhnt ist. Durchschnittlich liegt hier an nur fünf Tagen im Winter Schnee.

An diesem Abend begann Marco gerade seine Schicht. Es war kurz nach sechs Uhr, und er sollte einen Fahrgast vom Columbus Hotel abholen. Als er dort vorfuhr, kam ein etwas älterer Herr mit runder Brille, einem langen schwarzen Mantel und einem großen schwarzen Hut mit breiter Krempe aus dem Eingang. Er machte einen sonderbaren und leicht mafiösen Eindruck. Außerdem hatte er eine Flasche Schnaps in der Hand. Er stieg ins Taxi ein und sagte: »Nach Bielefeld, bitte.« Seine Fahne erfüllte den Innenraum des Taxis.

»Können wir machen, aber dann möchte ich vorher das Geld haben, bitte«, sagte Marco. Immerhin sind es bis nach Bielefeld ungefähr 180 Kilometer.

Der Mann stellte die Schnapsflasche auf die Rückbank, zog sein Portemonnaie aus dem Mantel und holte einen 500-Mark-Schein heraus. »Hier, der Rest ist für dich, damit kommen wir wohl hin«, meinte er.

Marco war zufrieden, die Fahrt hätte etwa 380 Mark gekostet, insofern war das ein ordentliches Trinkgeld.

»Es stört dich doch nicht, wenn ich hier meinen Schnaps trinke? Oder?«, fragte der Fahrgast. Seine Nase war schon ziemlich rot.

»Nein, nein«, meinte Marco. »Kein Problem.«

»Bei der Kälte wärmt mich der Schnaps eben«, erklärte der Mann und nahm einen großen Schluck aus der Flasche. Er hatte weder Mantel noch Hut ausgezogen. Wie sich später herausstellte, befand sich in der Manteltasche ein weiteres Schnapsdepot.

Auf der Strecke von Bremen nach Bielefeld fährt man zunächst über die A 1 nach Osnabrück und passiert Bramsche, eine kleine Stadt mit circa 30.000 Einwohnern. Es schneite unaufhörlich, und die gesamte Landschaft war mit einer dicken, weißen Schicht überzogen. Aufgrund der schlechten Sichtverhältnisse und der nicht geräumten Autobahn konnte Marco nicht schneller als 70 km/h fahren. Auch die anderen Fahrzeuge krochen über die Straße. Kurz vor Bramsche wurde es im Auto plötzlich dunkler, und die Kassette im Rekorder begann zu leiern.

»Ich brauche wohl dringend einen Kaffee«, dachte der Taxifahrer und rieb sich die Augen. Dann ging das Licht ganz aus. Ohne etwas zu sehen, schaffte Marco es gerade noch auf den nächsten Autobahnparkplatz.

»Mist, die Lichtmaschine ist kaputt«, stellte er fest.

»Kein Problem. Ich bleib bei dir, mein Freund«, sagte Schnapsnase loyal von hinten und nahm noch einen wärmenden Schluck.

Ohne Lichtmaschine funktioniert auch keine Heizung. Da es damals kaum Mobiltelefone gab und auch das Funkgerät nur in Bremen selbst funktionierte, machte Marco sich auf den Weg zur nächsten Notrufsäule. Nach 100 Metern gab er allerdings auf, durch die Schneeberge zu stapfen. Glücklicherweise kam ein Lkw, der über seinen CB-Funk den ADAC informierte.

Marco setzte sich wieder zu Schnapsnase. Der erzählte in der Zwischenzeit aus seinem Leben. Drei Stunden Wartezeit in einem eiskalten Taxi können verdammt lang sein.

»Ich bin dein Freund, ich bin dein Kumpel!«, versicherte ihm der Mann mit Hut immer wieder solidarisch. »Also, ich lass dich hier nicht im Stich.« Er umarmte Marco, um seine Freundschaft zu bekunden. »Wir stehen das gemeinsam durch!«

Endlich kam dann der Abschleppwagen, bockte das Taxi auf und zog es in ein kleines Kaff kurz vor Bramsche. Der Werkstattinhaber, der im Auftrag des ADACs unterwegs war, begutachtete das Fahrzeug und bestätigte dann den Verdacht: »Ja, die Lichtmaschine ist kaputt. Ich kann Ihnen aber eine neue besorgen und einbauen, wenn Sie das möchten.«

Mittlerweile war es 23 Uhr.

»Wie lange dauert das denn?«, fragte Marco.

»Na, bis ich die bestelle und eingebaut habe … das wird sicherlich so zwei, drei Stunden dauern«, schätzte der Mechaniker.

Schnapsnase lehnte Marcos Vorschlag ab, sich ein anderes Taxi zu nehmen, er wollte mit seinem neuen Freund warten. Die Ersatzlichtmaschine wurde vom Mercedes-Notdienst geliefert und sofort eingebaut. Während der nächsten drei Stunden Wartezeit trank der Fahrgast im Aufenthaltsraum bei Neonlicht Schnaps und Marco Kaffee.

Endlich verkündete der Werkstattmeister: »Alles fertig, ihr könnt weiterfahren, ich bekomm jetzt 800 Mark.«

Marco erklärte: »Das bezahlt mein Chef, mir gehört das Taxi ja nicht. Da müssen Sie eine Rechnung schicken. Außerdem hätte ich gar keine 800 Mark bei mir.«

Unnachgiebig entgegnete der Mechaniker: »Ohne Geld gibt's kein Taxi.«

Marco entgegnete ganz entrüstet: »Ja aber, das können Sie doch nicht machen! Sie bekommen doch Ihr

Geld, das wird dann überwiesen. So ist es bei anderen Reparaturen auch möglich.«

Der Werkstattleiter ließ sich nicht überreden, deshalb versuchte Marco um zwei Uhr nachts erfolglos seinen Chef anzurufen. Ohne irgendeine Bestätigung wollte der Mechaniker die beiden jedoch nicht weiterfahren lassen. Er ließ sich nicht umstimmen, schob Taxifahrer und Fahrgast aus der Tür und sperrte die Werkstatt zu.

»Dann müsst ihr wiederkommen, wenn ihr das Geld habt«, sagte er angesäuert. »So bekommt ihr die Taxe jedenfalls nicht wieder.«

Nun trat Schnapsnase in Aktion. »Gib meinem Freund hier SOFORT seine Taxe wieder!«, sagte er in einem ungewöhnlich scharfen Ton. Marco war verwundert. So aggressiv hätte er seinen Fahrgast gar nicht eingeschätzt.

Der Mann griff in seinen schwarzen Mantel, zog eine Pistole heraus und hielt sie dem Werkstattmeister an den Kopf: »Du hast die Wahl, also überleg dir das sehr gut: Entweder gibst du meinem Freund jetzt die Taxe, oder ich knall dich ab!«

Marco hatte das Gefühl, unfreiwillig mitten in einer Folge von *Tatort* gelandet zu sein. *»Wo bin ich da bloß reingeraten?«*, fragte er sich geschockt.

»Hör mal, du kannst den doch jetzt hier nicht erschießen«, versuchte er vorsichtig zu vermitteln. Er wollte auch keine Kurzschlussreaktion bei seinem Fahrgast provozieren. Der Mann hatte schließlich eineinhalb Schnapsflaschen intus. »Bitte nimm die Waffe wieder runter. Das ist doch gar nicht dein Auto.«

Der KFZ-Meister war in der Zwischenzeit kreidebleich. Schwitzend und hilflos sah er zu Marco. Schnapsnase bewegte sich keinen Millimeter und fixierte sein Opfer.

Marco versuchte es nochmals: »Mensch bitte, nimm doch mal endlich die Pistole runter, was soll denn der Quatsch?«

»Nein, der soll dir jetzt die Taxe geben, das ist mir scheißegal, sonst knall ich den ab, ich will jetzt auch mal nach Hause!«, rief Schnapsnase unwirsch.

Der Mechaniker machte den Mund auf und wieder zu, er brachte in seiner Todesangst keinen Ton mehr heraus.

Marco startete einen letzten Versuch: »Bitte, wir müssen das jetzt anders regeln. Verstehst du? So wird das nichts!«

Erstaunlicherweise nahm Schnapsnase daraufhin die Pistole langsam herunter und sagte: »Also, das wird mir jetzt echt zu doof.«

Er steckte die Waffe wieder in seinen Mantel zurück und holte als Nächstes sein Portemonnaie heraus, um dem zitternden Werkstattleiter 1.000 Mark in die Hand zu drücken. »Den Rest kannst du behalten. Und jetzt her mit der Taxe, und halt bloß die Klappe!«

Das ließ sich der Mann nicht zweimal sagen. Er machte das Tor auf, gab das Fahrzeug heraus und war heilfroh, als die beiden damit verschwanden.

Marco fuhr los. Die Situation war angespannt. Er wartete nur darauf, Polizeisirenen hinter sich zu hören. Schnapsnase saß zufrieden auf der Rückbank und machte mit seiner Flasche weiter. Langsam wich die Spannung, während der Mann erklärte: »Ja, also, und wenn wir dann angekommen sind, in Bielefeld, Marco, dann lad ich dich erst mal zum Essen ein. Nach der ganzen Aktion hier. Ich hab noch eingelegte Heringe, und meine Mutter kocht uns was. Du musst unbedingt was essen. Siehst ja schon ganz blass aus.«

»Heringe?«, fragte Marco.

»Ja, Heringe. Meine Mutter macht ausgezeichnete Heringe«, erklärte Schnapsnase. »Und ich muss dir auch unbedingt Herrmann vorstellen. Also, Herrmann, ist wirklich – der ist mein Ein und Alles …«

»Heringe mit Herrmann?«, fragte Marco.

»Genau«, sagte Schnapsnase.

Um kurz nach drei Uhr erreichten sie endlich das Ziel. Sie standen vor einem riesigen Grundstück, das komplett von hohen Bäumen eingerahmt war. Eine Allee führte vom Tor zur Villa von Schnapsnase, die eher einem Schloss ähnelte. Marco bemerkte neben dem Eingang ein goldenes Schild, auf dem »Anwalt« stand.

»Hier wohne ich«, verkündete Schnapsnase, stieg aus und öffnete das eindrucksvolle, schmiedeeiserne Tor. Dann setzte er sich wieder auf die Rückbank.

Oben angekommen, stiegen sie aus und gelangten über eine Marmortreppe zum Hauseingang. Als sie das

Haus betraten, sprang sie eine riesige schwarze Dogge an.

»Das«, verkündete Schnapsnase stolz, »ist Herrmann.«

»Hallo, Herrmann«, sagte Marco, hielt aber etwas Abstand.

Die Villa verfügte über eine imposante Eingangshalle mit Spiegeln und Kronleuchtern. Über einen roten Läufer ging es die Treppe hinauf. Das Haus war allerdings auch etwas heruntergewirtschaftet und wirkte eher wie ein Geisterschloss. Oben öffnete Schnapsnase eine Tür und rief hinein: »Aufwachen, wir haben Besuch! Mein neuer Freund!«

Die Dame im Bett richtete sich sofort kerzengerade auf und fragte freundlich: »Ihr wollt doch bestimmt Heringe essen?«

Die sehr betagte Frau – sie musste schon mindestens 100 Jahre alt sein – zog sich schnell Gebiss und Morgenmantel an und folgte Schnapsnase, Marco und Herrmann in die Küche. Dort setzte sie Kartoffeln auf und bereitete die eingelegten Heringe zu. Schnapsnase trug immer noch den Hut auf dem Kopf. Die gigantische Dogge lag unter dem Tisch.

Zum Abschluss wollte Schnapsnase dem Taxifahrer dann auch noch seinen Waffenschrank zeigen, der in seinem Schlafzimmer hinter einem Bild versteckt lag. Andächtig öffnete er die Tür und präsentierte stolzerfüllt seine Sammlung: Maschinengewehre, Pumpguns und Waffen, die Marco noch nie gesehen hatte.

Schnapsnase legte seine Ausgehpistole dazu und schloss wieder ab.

»Da staunst du, mein Freund, was?«, sagte er. Dann drückte er Marco 500 Mark in die Hand. »Das kannst du behalten, weil du so viel Ärger hattest heute. Und wir sind ja schließlich Freunde.«

»Vielen Dank«, sagte Marco. »Und vielen Dank für die Heringe.«

Als er in das Taxi stieg, standen die uralte Mutter und Schnapsnase mit Herrmann am Fenster und winkten ihm nach.

Eiskalt erwischt

Startpunkt: Stuttgart – Geislinger Straße
Taxifahrer: Christian F., fährt seit 5 Jahren Taxi

Christian F. trägt ein Baseballcap und eine grüne Adidas-Jacke. Er schimpft über alles: das Taxigeschäft in Stuttgart, den Eurorettungsschirm, die Polizei, den VfB Stuttgart, die falsche Ampelschaltung, den Nichtraucherschutz und das Wetter. Ich unterdrücke die gesamte Fahrt den Drang, ihm ein Haarbüschel, das über seinem rechten Auge hängt, aus dem Gesicht zu streichen. Ich bezweifle nämlich, dass man mit seiner Frisur überhaupt räumlich sehen kann.

Wie wir alle wissen, gibt es viele unterschiedliche Arten von Schlaf. Kleine Kinder kann man beispielsweise herumtragen, während sie schlafen oder auch neben ihnen Klavier spielen, ohne dass sie aufwachen.

Faszinierend ist jedoch, dass selbst manche Erwachsene noch so fest schlafen können. Und das, ohne in irgendeiner Form alkoholisiert zu sein. Das einzige Problem – wie bekommt man sie wieder wach?

Es war tiefer Winter, als der Taxifahrer nach Stuttgart-Wangen gerufen wurde. Sein Fahrgast, ein Asiate, wollte zum Flughafen, der etwa eine halbe Autostunde von dort entfernt war. Der Mann war klein und dünn, trug einen dicken Mantel und eine Fellmütze, die er während der gesamten Fahrt nicht abnahm. Er sah grau und müde aus und sprach kein Deutsch, weshalb eine Unterhaltung kaum möglich war. Christian konzentrierte sich also auf das Autofahren. Nach etwa zehn Minuten sank der Kopf des Fahrgastes auf dessen Brust. An der regelmäßigen Atmung konnte man erkennen, dass er eingeschlafen war.

»Alle denken immer, dass man einen eingeschlafenen Fahrgast einfach bei Ankunft am Ziel wieder aufweckt«, erklärt Christian. »Aber es gibt Menschen, die kann man nicht einfach wach rütteln. Ich hätte das vorher auch nicht geglaubt, aber so war es. Ich habe wirklich alles versucht: zuerst die sanfte Tour, hab ihn angesprochen und dann leicht geschüttelt, später bin ich lauter geworden und hab ihn heftig gerüttelt. Aber gebracht hat es nichts. Kann man doch gar nicht glauben, oder? Dass jemand so fest schlafen kann? Wir waren schon am Ziel, und der ist immer noch nicht aufgewacht. Schließlich hab ich ihn aus dem Taxi getragen und auf eine Bank gesetzt. Und der verdammte Fahrgast schläft immer noch – unfassbar! Inzwischen war ich richtig wütend und dachte mir, der will wohl nicht bezahlen und tut nur so. Also hab ich einen Schneeball gemacht und ihm in den Nacken gesteckt. Nicht besonders freundlich – ich weiß –, aber ich wusste wirklich keinen anderen Ausweg mehr. Das hat dann endlich gewirkt. Er machte die Augen auf, schaute mich an, tat so, als ob überhaupt nichts passiert wäre, bezahlte und schlurfte zum Flughafengebäude. Sein Mantel war hinten noch nass.«

Der blaue Cadillac

Startpunkt: Venezuela – Isla Margarita
Taxifahrer: Name und Berufsdauer unbekannt

Der Fahrer war ein älterer Latino mit einem blauen Cadillac, einem schönen alten Amischlitten, wie man sie sonst aus Kuba kennt. Im Fahrzeug selbst befand sich vorne eine Art Altar mit Jesus und Marienfiguren, die halbe Vorderscheibe war von christlichen Symbolen und Rosenkränzen verdeckt. Fahrgäste waren eine fünfköpfige deutsche Familie auf einer Urlaubsreise.

Am Aeropuerto Internacional auf der Isla Margarita in Venezuela wollte die vom langen Flug erschöpfte Familie endlich ins Hotel. Vor dem Flughafengebäude fanden sie den blauen Cadillac mit Taxischild. Der Fahrer sprach kein Englisch, deshalb zeigten ihm die Fahrgäste den Hotelprospekt mit der Adresse.

»Si, si, vamos!«, sagte der einheimische Taxifahrer und lud das Gepäck ein. Die fünf Fahrgäste stiegen ins Taxi und betrachteten interessiert das Interieur. Es roch muffig, die roten Samtsitze waren leicht abgewetzt, aber schöne, prunkvolle Borten zierten die Fensterseiten. Überall baumelten liebevoll arrangierte Accessoires.

Der freundliche Fahrer war um die 60 Jahre alt und hatte schlohweißes kurzes Haar. Es umgab seinen Kopf wie ein Heiligenschein und ließ den Mann dadurch sehr vertrauenserweckend wirken.

Beeindruckt von dem schönen Cadillac, den sie ergattert hatten, und beruhigt von der positiven Ausstrahlung des Fahrers, freuten sich die Reisenden auf eine entspannte Fahrt zum Hotel. Die Begeisterung hielt jedoch nicht lange an. Nach etwa 15 Minuten Fahrt auf einer Landstraße ging es schließlich steil einen Berg hinauf.

Plötzlich nahm das Gesicht des Chauffeurs einen versteinerten Ausdruck an, und er trat das Gaspedal voll durch. Die Gäste wurden in die Sitze gedrückt, das Fahrzeug nahm rasant an Geschwindigkeit auf. Leider war die Bergstrecke sehr kurvig, Lastwagen kamen entgegen. Mit hohem Tempo fuhr man nur Zentimeter aneinander vorbei.

»Por favor, más despacio! Langsamer bitte!«, versuchte der Vater den Fahrer zu bremsen. Dieser reagierte überhaupt nicht. Ohne eine Miene zu verziehen, stierte er nur mit wahnsinnigem Blick geradeaus und riss das Lenkrad in jeder Kurve erst in letzter Sekunde wild herum.

»Wir steigen hier aus! Der ist ja verrückt«, rief die Mutter schon fast hysterisch. »Der bringt uns noch um mit seiner Fahrweise! Peter, er soll anhalten!«

Aber der Taxifahrer hielt nicht an, sondern steuerte mit rasender Geschwindigkeit auf die Kuppe des Berges zu. Dort angelangt, hob das Taxi leicht vom Boden ab und landete unsanft auf der anderen Seite. Die Rosenkränze klatschten laut gegen die Scheiben.

Die Fahrgäste wischten sich den Angstschweiß von der Stirn. Wo waren sie hier bloß reingeraten? Merkwürdigerweise schien sich der Chauffeur plötzlich zu entspannen und fuhr mit normaler Geschwindigkeit weiter.

»Was war das denn gerade, bitte?«, fragte ihn der Vater der Familie verärgert auf Spanisch. »Warum sind Sie denn wie verrückt den Berg hochgerast? Sie hätten uns alle umbringen können!«

Der Taxifahrer atmete durch, lächelte freundlich und erklärte auf Spanisch: »Jetzt kann ich wieder sprechen, ich musste mich vorher so konzentrieren, dass ich Ihnen nicht antworten konnte. Entschuldigen Sie. Auf dieser Seite des Berges ist eine Tankstelle, ich habe nämlich kein Benzin mehr. Ich wusste, wir müssen es nur noch über den Berg schaffen, dann kann ich bequem zur Tankstelle hinunterrollen.«

Der Grantler

Startpunkt: München – Hotel Bayerischer Hof
Taxifahrer: Herbert K., fährt seit 30 Jahren Taxi

Die Geschichte von Herbert K. stammt eigentlich von seinem Kollegen Thomas D., hat sich in Taxikreisen aber herumgesprochen. Selbst erzählen und zugeben würde Herbert diese Geschichte sicherlich nicht. Er ist auch unter dem Spitznamen »Der Grantler« bekannt.

Unter *bayrisch-lernen.de* findet man zum Thema »Granteln« folgenden Passus:

Grant (bayrisch, österreichisch): Übellaunigkeit, Unmut.

In Bayern reicht die Palette des Grantelns vom vorübergehenden Missmut des Sprechers bis hin zur grundlegenden Lebenseinstellung. Bei Letzterem kommen dem Grantler ausschließlich muffig-rüde Wörter über die Lippen, die auch aus nächster Nähe nicht immer zu verstehen sind. Der Grantler ist nicht zwangsläufig auf Gott und die Welt sauer, es kann auch der Versuch sein, seine eigentlichen Gefühle zu verstecken.

Herbert war Ende fünfzig, und in seinem Leben war so einiges schiefgegangen. Dass er nicht besonders beliebt war, war ihm egal. Der rotgesichtige Niederbayer kritisierte aufgrund seiner chronisch schlechten Laune gerne alles und jeden. Es ging sogar so weit, dass er sich gar nicht mehr die Mühe machte, etwas laut zu bemängeln oder zu begranteln, er sagte oft überhaupt nichts mehr und blickte nur missmutig drein. Was seine Fahrgäste anbetraf, war ihm jede Kommunikation zuwider, die über Fahrziel oder Preis hinausgingen. Er fuhr gerne Auto, wollte dabei aber seine Ruhe haben. Auch der Funk ging ihm auf die Nerven, weshalb er ihn oftmals einfach ausschaltete. Wahrscheinlich wäre Fernfahrer für Herbert der geeignetere Beruf gewesen. Denn als Taxifahrer ist es hin und wieder doch notwendig, dass man zumindest ein gewisses Interesse für den Beförderten aufbringt.

An diesem Tag hatte Herbert dann zusätzlich auch noch einen schlechten Tag, was ihn noch grantiger machte. Vor dem Hotel Bayerischer Hof in der Innenstadt standen zwei Fahrgäste mit großem Gepäck. Das hatte der Taxler besonders dick, aber es half ja nichts. Die Herrschaften, ein vornehmes Paar, wollten zum Flughafen, Terminal 1. Immerhin. Aber das machte den Gepäckberg auch nicht wett. Der übellaunige Taxifahrer lud widerwillig die zahlreichen Taschen, Koffer und das Beautycase ein und machte sich auf den Weg zum Flughafen. Angenehmerweise sagte das Paar kein einziges Wort.

»Die haben wohl ein schlechtes Gewissen wegen ihrem ganzen Geraffel«, freute sich Herbert, kurzfristig zufrieden über das Schuldbewusstsein seiner Fahrgäste. Sofort grantelte er jedoch still weiter: *»Wie man überhaupt*

so viel Gepäck haben kann, ist mir ein Rätsel! Was die Leute alles sammeln und anhäufen ...«

Immerhin hatte er während der Fahrt seine Ruhe, aber prompt fand er einen neuen Kritikpunkt. *»Oder wahrscheinlich sind die sich zu fein, mit 'nem Taxler zu sprechen, das wird's sein«*, grantelte er in sich hinein. *»Ja, ja, feine Dame, feiner Herr – solche kommen mir ja ganz recht!«* Verärgert über die Arroganz seiner Fahrgäste, würdigte er die Herrschaften keines Blickes. *»Bloß, weil die im Bayrischen Hof absteigen, meinen die wohl, sie sind was Besseres!«*

Am Flughafen angekommen, knurrte der Grantler: »Des macht 62 Euro!« Von hinten kam keine Reaktion. Herbert versuchte es nochmals lauter und sprach übertrieben deutlich, wie man es mit einem kleinen Kind tut: »Bezahlen! Wir sind angekommen. Ich bekomme 62 Euro von Ihnen!« Hinten war es immer noch still.

»Was stimmt denn da nicht, sind die eingeschlafen oder was?«, ärgerte sich der Taxler.

Er drehte sich um. Das Taxi war leer. Der Grantler hatte die Fahrgäste vergessen. Das vornehme Paar stand noch immer vor dem Hotel Bayerischer Hof. Allerdings war das große Gepäck mitgefahren. Verzweifelt hatte die Taxizentrale über Funk versucht, ihn zu stoppen. Allerdings erfolglos, denn den hatte Herbert wieder einmal ausgeschaltet.

Blindfahrt

Strecke: Köln – Josef-Haubrich-Hof
Taxifahrer: Frank R., fährt seit 5 Jahren Taxi

Frank R. trägt ein FC-Köln-Trikot und hat seine Haare sorgfältig zu kleinen Gel-Stacheln aufgestellt. Der Taxler ist 29 Jahre alt und ein Paradebeispiel für eine »Rheinische Frohnatur«. Während der Fahrt spricht er viel, schnell und sehr Kölsch. Seine Geschichte hat ihn nachhaltig beeindruckt.

Frank wartete vor dem Eingang der Bücherei auf seinen Fahrgast. Die Stadtbibliothek in Köln hat eine eigene Abteilung für temporär oder dauerhaft sehbehinderte Menschen. Eine Mitarbeiterin hatte ein Taxi bestellt und begleitete die blinde Kundin.

»Sind Sie der Taxifahrer für die Blindenbibliothek, oder? Wir hatten gerade angerufen«, sagte die ältere Angestellte der Einrichtung.

»Jo, em Dienz«, entgegnete Frank und ließ seinen Fahrgast hinten einsteigen. Neugierig musterte er die Frau, die sich auf die Rückbank setzte, ohne dass diese es bemerken konnte. Sie hatte kurzes blondes Haar, trug Jeans, einen blauen Rollkragenpullover und eine große Sonnenbrille. Ihren weißen Stock behielt sie in der Hand, eine größere Tasche hatte sie auf die Rückbank gestellt. Sie war vielleicht 25 Jahre alt.

Nach einigen Minuten Fahrt fragte Frank: »Sind se von Jeburt an blind?«

»Von Geburt an, ja«, sagte sie und drehte ihren Kopf zum Fenster. Offensichtlich wollte sie sich nicht unterhalten.

Nach weiteren zehn Minuten startete Frank einen neuen Konversationsversuch: »Sind se oft hier in dä Biblothek? Isch wusste janit, dat es Blindebiblotheke jibt!«

»Ja, ich bin oft dort. Die haben eine gute Auswahl an Musik- und Literatur-CDs. Es gibt auch spezielle Geräte, mit denen man manche CDs abspielen kann, die genau auf die Bedürfnisse von Blinden abgestimmt sind. Man kann damit sozusagen im Buch blättern«, erklärte die Frau.

»Ah, dat is aber intressant«, sagte der Taxifahrer. Nach einer Fahrt quer durch Köln waren sie nun fast an der Zieladresse angelangt.

Plötzlich meinte die Blinde: »Achtung, hier müssen Sie rechts abbiegen. Ich sage Ihnen dann, wo Sie genau stehen bleiben müssen.«

Erstaunt bog Frank ab und wartete auf weitere Anweisungen.

»Bitte halten Sie hier, rechts in dem grünen Haus wohne ich«, sagte die Frau schließlich.

»Dat macht 13 Euro un zwanzisch«, sagte Frank perplex. Sie holte ihren Geldbeutel hervor, zählte die Münzen sicher ab und reichte sie dem verwunderten Fahrer. Dann stieg sie aus und ging direkt auf den

Hauseingang zu. Der Taxler beobachtete sie noch so lange, bis sie in der Haustür verschwunden war.

»Dat hat misch echt umjehaue!«, erzählt Frank fasziniert. »Dat war, als ob die janit blind war. Die hat janz winnisch jesagt. Aber die Straßen hat se sich einfach jemerkt. Un dat, wo se die noch nie gesinn hat. Dat war jo wie em Wetten Dass! Zu Fuß versteh isch dat jo noch, aber mit em Taxi. Die hat jenau auf den Meter die Stell jewusst, wo se aussteigen muss!«

Sizilien

Startpunkt: München – Schwabing
Taxifahrer: Manfred S., fährt seit 38 Jahren Taxi
(siehe »Der neue Mercedes«)

Wenn Manfred seine Taxierlebnisse schildert, zieht er einen mit seiner ruhigen, eindrucksvollen Stimme sofort in seinen Bann. Unter anderem erzählt das bayrische Taxiurgestein auch von einigen rentablen Fahrten ins nahe Ausland, die es in seiner langjährigen Fahrpraxis ergattert hat. Bei folgender Geschichte geht es allerdings um eine Fernfahrt der ganz besonderen Art.

Ganz München schien an diesem heißen Sommerabend auf den Beinen zu sein. Alle genossen den wunderschönen Abend im Freien, schwammen im See, grillten an der Isar oder bevölkerten die Biergärten.

Als Manfred gegen 19 Uhr nach Schwabing gerufen wurde, hatte es immer noch fast 30 Grad. Die Zieladresse war ein unattraktiver Wohnblock. Der Taxifahrer stieg aus und läutete, er sollte laut Zentrale etwas abholen.

»Der Taxi? Bitte komme Sie raufe«, sagte eine Stimme mit italienischem Akzent durch die Sprechanlage. Der Taxler stapfte in den 5. Stock. Die Tür oben war einen Spalt geöffnet, und ein Mann im Anzug trat auf den abgenutzten Flur.

»Sie fahre den Taxi?«, fragte der Italiener. »I habe eine sehr gute Fahrt fur Sie. Bitte trete Sie ein, damit wir das konne besprechen.«

»So?«, sagte Manfred perplex und folgte dem Herrn in die Wohnung, nachdem dieser die Eingangstür hinter ihm geschlossen hatte. Alles war dunkel. Trotz strahlendem Sonnenschein waren sämtliche Rollläden heruntergelassen. Der Taxifahrer fühlte sich leicht unwohl, irgendetwas war hier faul. Am Ende der Diele sah er einen Lichtspalt. Aus dem Raum waren leise Stimmen zu hören.

Gemeinsam betraten sie das Wohnzimmer. Die spärliche Beleuchtung stammte von einer altmodischen Stehlampe mit Samtschirm, die neben einem großen Ohrensessel stand, der nur von hinten zu sehen war. Manfred konnte vier weitere Männer in schwarzen Anzügen entdecken, die um den Sessel herumstanden.

»Du meine Güte. Wo bin ich hier reingeraten?«, fragte sich der Taxler und wollte die skurrile Szenerie am liebsten sofort wieder verlassen. Ein seltsamer Geruch fiel ihm auf. In der staubigen und stickigen Luft lag noch etwas anderes, etwas, das er nicht genau definieren konnte. Er trat auf den schweren Teppich und blickte irritiert auf die Spitzendeckchen, die überall verteilt lagen.

»Komme Sie, komme Sie«, sagte der Italiener und schob Manfred weiter. »Das iste meine Familie. Meine Bruder sinde alle gekommen.« Fast waren sie am Sessel angelangt. »Und das iste meine Mamma.«

Kurzfristig erleichtert, trat Manfred vor den Sessel. Und dann sah er sie. Unter dem breitkrempigen schwarzen Hut sah ihr zerfurchtes Gesicht wie eine große, helle Rosine aus. Die weißen Haare waren nach hinten frisiert. Ganz in Schwarz gekleidet, saß sie auf ihrem Sessel, die Füße standen artig nebeneinander. Irgendwie wirkte sie friedlich und schien zu schlafen. Ihre Hände ruhten mit einem Rosenkranz auf einer kleinen Bibel.

»Oh«, sagte Manfred. »Das ist mein Fahrgast?«

»Si«, sagte der Italiener und nickte. »Meine Mamma mochte gerne zuruck nach Sicilia, in ihre Heimat.«

»Nach Sizilien, also?«, fragte der Taxler unsicher. Ihm kam ein böser Verdacht. »Und, also, Sie gestatten die Frage, aber …«, er suchte nach Worten. »Sie ist doch in der Verfassung für so eine Fahrt, oder? Sie ist doch gesund?«

Der Italiener verzog merkwürdig das Gesicht und lächelte ihn dann an: »Nickt direkt. Das iste doch kein Problem fur Sie, oder? Unsere Familie stammte aus Sicilia. Meine Mamma kam vor lange Zeit nach Deutschlande.« Er fasste sich theatralisch an die Brust: »Aber in der Herz, sie iste immer dorte geblieben. Sie will beerdigt werden in Sicilia. Tutto bene?«

Da fiel der Groschen bei Manfred. Er wusste, dass die Überführung eines Verstorbenen ins Ausland eine äußert komplizierte und teure Angelegenheit war, die schnell mehrere Tausend Euro kosten konnte. Aber was war dabei sonst noch alles zu beachten? Sicherlich gab es genaue Vorschriften für den Transport und die Papiere. Eine Sterbeurkunde hatten die Italiener wohl kaum. Bei einer Kontrolle durch die Polizei würde er mit einem leblosen Fahrgast gewiss große Probleme bekommen. Ohne Zweifel würde er eine Geldstrafe erhalten. Oder schlimmer – vielleicht würde man ihn sogar verdächtigen, etwas mit dem Tod der Frau zu tun zu haben? Manfred verstand auch, dass die Sizilianer dieses »Problem« gerne auf ihre Art und Weise lösen und auf ihn abwälzen wollten. Alle Augen (bis auf die der Mutter) waren auf ihn gerichtet; die Situation war angespannt.

»Sie sehen, meine Mamma siehte sehr friedlich aus«, fuhr der Italiener fort. »Sie iste einfach bei Ihne in der Taxi und schläft. Unter der Hut wird das niemand bemerke. Wir macke eine schön Reise. Und schon iste sie in Sicilia. So eine weite Fahrt hat man nickt jeden Tag, oder? Das ist viel Gelde, richtig? Was bekomme Sie dafur?«

Manfred versuchte, sich aus der Affäre zu ziehen. Er wollte unter gar keinen Umständen mit der toten Mutter auf der Rückbank nach Sizilien gondeln. Er fühlte sich in der dunklen Wohnung mit den ihn bedrängenden Italienern äußerst unwohl und wollte sich so schnell wie möglich aus dem Staub machen. Er hörte, wie die Brüder untereinander tuschelten.

»Das kann ich nicht machen. Was ist denn, wenn ich mit Ihrer Mutter von der Polizei erwischt werde?«, fragte er vorsichtig.

Der Italiener zuckte mit den Achseln und zog die Augenbrauen nach oben: »Sie iste eine sehr alte Frau«, erklärte er langsam. »Sie hatte große Sehnsucht nach Sicilia. Wenn sie iste im Auto gestorben, Sie konnen nichts dafur. Ich fahre mit Ihnen. Naturlick bin ich ihr Zeuge.«

»Ach so«, sagte Manfred und startete einen anderen Versuch. »Aber nach Sizilien, das dauert ja mindestens zwei Tage! Bei dieser Hitze, das riecht man doch im Auto! Die ist doch bestimmt auch schon etwas länger tot …«

»Zwei Tage, mein Freund. Aber wir zahle Ihne der doppelten Preis. Wir mussen jetzt los. Alora, was bekomme Sie?«, fragte der Italiener ungeduldig.

»Jetzt oder nie«, dachte sich Manfred. *»Ich muss hier raus.«*

»Ich bedaure, aber ich bin nicht der Richtige für diese

Fahrt«, sagte er schnell und bestimmt. »Aber ich bin sicher, Sie finden eine andere Lösung! Mein herzliches Beileid, übrigens …«

Mit diesen Worten ließ er die überraschten Italiener mit ihrer verstorbenen Mutter in der Kammer stehen und schritt schnell rückwärts in Richtung Ausgang.

»Halt! Stopp! Bleibe Sie stehen! Alle im Dorf warte schon auf meine Mamma dringende … Sie konne uns doch nicht lasse im Stich!«, rief ihm der Italiener nach, doch Manfred floh bereits ans Tageslicht.

»Hilfe, Entführung!«

Startpunkt: Wien – Westbahnhof
Taxifahrer: Jaafar A., fährt seit 7 Jahren Taxi

Jaafar A. lebt seit 8 Jahren in Wien und spricht gebrochen Deutsch. Der gebürtige Kenianer mit dem vergnügten, runden Gesicht scheint das Leben angenehm unernst zu nehmen. Er fährt einen Opel Omega und erinnert sich noch genau an seine allererste Fahrt. Während seiner Erzählung gibt er alles: Er schreit laut und gestikuliert wild, um seinen damaligen Fahrgast realistisch zu imitieren.

In Wien sehen alle Taxis anders aus, es gibt unterschiedliche Farben und Fahrzeugtypen. Man erkennt sie am oben angebrachten Schild. Vor dem Westbahnhof im 15. Bezirk finden Reisende stets zahlreiche Taxis. Auch Jaafar stellte sich an seinem allerersten Tag hier auf. Endlich näherte sich eine alte Dame mit einem beigen Mantel, rotem Hut, rotem Schirm und einer kleinen Reisetasche. Während die Frau bereits den Türgriff seines Wagens in der Hand hielt, rief ein Wiener Kollege laut von hinten: »Aufpassen, der ist neu! Steigen Sie lieber bei mir ein, der kennt sich nicht aus!«

Mit einem verächtlichen Blick auf die Zigarette des rauchenden Kollegen stieg sie nach kurzem Zögern bei Jaafar ein und setzte sich auf die Rückbank. Dieser betrachtete seinen allerersten Fahrgast neugierig. Die

Dame war mindestens 80 Jahre alt, gehörte aber nicht zum Typ »freundliche Oma«, sondern wirkte bösartig und verbissen. Kerzengerade saß sie auf der Rückbank, klammerte sich an ihre Reisetasche und ordnete an: »Fahren Sie mich in die Jörgerstraße!«

Der Kenianer überlegte kurz: *»Jörgerstraße, 17. Bezirk!«*, und startete seine erste Fahrt. Da er erst seit Kurzem in Österreich lebte, war sein Deutsch noch nicht optimal. Trotzdem versuchte er, auf der Fahrt ein Gespräch zu führen. Allerdings gab die verdrossene Alte nur äußerst ungern Informationen preis. Wie er mühsam herausfand, kam sie von einem Verwandtenbesuch in Salzburg. Mit zusammengekniffenen Augen registrierte sein Fahrgast misstrauisch jede seiner Bewegungen. Als Jaafar schließlich in die Jörgerstraße abbog, regte sich die Frau fürchterlich auf: »Das ist falsch! Wo fährst du mich denn hin! Du kennst dich ja gar nicht aus!«

Der Taxler verstand das Problem nicht und blieb stehen: »Wieso? Wir sind doch in der Jörgerstraße!«, wehrte er sich und zeigte auf das Straßenschild.

Die Alte wurde hysterisch: »Nein, das darf doch nicht wahr sein! Hilfe! Warum habe ich nicht auf deinen Kollegen gehört, jetzt bin ich verloren!«

Sie ließ das Fenster nach unten, streckte ihren faltigen Kopf hinaus und kreischte aufgebracht: »Hilfe, Entführung! Das ist kein Taxi! Der kennt sich nicht aus!«

Ein paar Passanten drehten sich verwundert um, unternahmen aber nichts weiter. Jaafar bot der aufgebrachten Oma an auszusteigen.

Sie dachte aber gar nicht daran, das Taxi zu verlassen, und beschloss, dem Fahrer mit einigen Hieben auf die Sprünge zu helfen. Mit ihrem Schirm schlug sie von hinten auf seinen Kopf und den Sitz ein. »20. Bezirk!«, ihre Stimme überschlug sich. »In die Jörgerstraße! Das müssen Sie doch kennen!«

Der Taxifahrer versuchte, so gut es ging, dem Schirm auszuweichen, und gleichzeitig dämmerte ihm so langsam etwas. Sein aufgeregter Fahrgast meinte eine ganz andere Straße, er hatte sie nur immer falsch verstanden. Sie meinte wohl die *Jägerstr*aße im 20. Bezirk.

»Ach so!«, sagte er erleichtert und startete das Taxi wieder. »Sie müssen in die Jägerstraße!«

»Das hat dann vielleicht ein paar Minuten länger gedauert, aber die hat sich aufgeregt, als hätte ich sie nach Salzburg gefahren. Die ganze restliche Fahrt hat sie mich beschimpft. Ich hatte schon Angst, dass sie vielleicht einen Herzanfall bekommt oder so … Ich war sehr, sehr froh, als sie dann ausgestiegen war«, erzählt Jaafar. »Das war meine allererste Fahrt. Danach wurde es zum Glück besser.«

»I very good driver!«

Startpunkt: Nepal – Stadtzentrum Katmandu
Taxifahrer: Name und Berufsdauer unbekannt

Der Fahrer war ein sehr junger Nepalese in einem blauen Trainingsanzug. Im Gegensatz zu ihm war sein Fahrzeug sehr alt, von einer undefinierbaren Marke und mit zahlreichen Girlanden, Amuletten und Gebetsschnüren geschmückt. Fahrgäste waren zwei deutsche Ehepaare, unterwegs auf einer Rundreise durch Indien und Nepal.

Die Reiseleiterin empfahl ihren Gästen einen sensationellen Aussichtspunkt in Katmandu, um den Sonnenuntergang vor einer spektakulären Kulisse zu fotografieren. Hierfür müsse man sich allerdings ein Taxi nehmen, da dies nicht in der Pauschalreise inkludiert sei, sagte sie. Dankbar für diesen Tipp, baten die vier Deutschen sie, ihnen ein Taxi zu organisieren. So erhofften sie sich auch eine kleine Auszeit von ihrer Reisegruppe.

Am frühen Abend hatten sich die beiden Ehepaare bereits vor dem Hotel eingefunden, als ein Nepalese mit seinem klapprigen Taxi vorfuhr. Das Auto war aus mehreren, nicht zusammengehörenden Fahrzeugteilen zusammengebaut, was unter anderem an den unterschiedlichen Karosseriefarben zu erkennen war. Es machte keinen besonders vertrauenserweckenden Eindruck. Da der Fahrer nur wenige Worte Englisch sprach, zeigten ihm die Fahrgäste den Zielort auf der Karte. Eifrig nickte der junge Mann, und man einigte sich auf einen Preis.

Nachdem sich alle Fahrgäste mit der Fotoausrüstung auf dem Schoß ins Taxi gequetscht hatten, ging es los. Geschickt steuerte der junge Mann durch Katmandu. Zwischen Rikschas, Fahrrädern und anderen Fuhrwerken, vorbei an Marktständen, Viehherden und gestikulierenden Einheimischen sauste er mit seinem Taxi durch das chaotische Treiben aus der Stadt hinaus. Nachdem sie die letzten Häuser hinter sich gelassen hatten, führte der Weg eine steile, unbefestigte Bergstraße hinauf. In zahlreichen Haarnadelkurven schlängelte sich die Strecke zu dem gewünschten Aussichtspunkt nach oben. Beunruhigt konnten die Deutschen einige Fahrzeugwracks an den Berghängen entdecken, und langsam kamen ihnen Zweifel, ob es eine gute Idee gewesen war, dem Rat der Reiseleiterin zu folgen.

»Dennoch kamen wir gut am Gipfel an und wurden für die anstrengende Fahrt entschädigt. Die spektakuläre Aussicht über Katmandu auf die weiße Bergkette dahinter war wirklich einzigartig und ein beeindruckendes Fotomotiv«, erzählt einer der Reisenden.

Nach einem etwa halbstündigen Fotoaufenthalt ging es wieder zurück ins Hotel, da die Reisenden die abenteuerliche Bergstrecke nicht bei völliger Finsternis hinunterfahren wollten. Wie sich herausstellte, war aber nicht die mangelnde Helligkeit das eigentliche Problem.

Auf der Rückfahrt stellten die Passagiere nach einiger Zeit zu ihrem Schrecken fest, dass der Nepalese eine ganz eigenartige Fahrweise hatte. Bergab ließ er das Taxi auf geraden Strecken bis zu maximaler Geschwindigkeit beschleunigen. Dabei hatte er den Gang herausgenommen, und das Auto raste im Leerlauf nach unten. In den Kurven bremste er dann dermaßen gekonnt, dass das Auto so herumgeschleudert wurde, dass er in der gewünschten Richtung weiterfahren konnte. Nach wenigen Minuten schwankte die Gesichtsfarbe der Reisenden zwischen Kreidebleich und Grün. Sie klammerten sich verzweifelt überall da fest, wo sie gerade Halt fanden, und warteten voll Todesangst auf das Ende der Tortur. Der Taxler raste den Berg hinab, dass der Staub nur so aufgewirbelt wurde, was ihm zusätzlich zur einbrechenden Dunkelheit fast völlig die Sicht nahm. Aber das störte ihn nicht, er fand sich in der Gegend scheinbar auch halb blind bestens zurecht.

Auch von Protesten seiner Gäste und ihrer sichtlichen Angst ließ er sich nicht von seiner riskanten Fahrweise abbringen, tat so, als verstehe er sie nicht, pfiff fröhlich ein Lied nach dem anderen und schleuderte dann mit einer neuerlichen Staubwolke um die nächste Kurve. Der Beifahrer versuchte zwar immer wieder verzweifelt auf mehreren Sprachen zu erkunden, warum der Nepalese ohne Gang fuhr, gab es aber schließlich resigniert auf. Die Horrorfahrt schien kein Ende zu nehmen.

»Wäre uns an der falschen Stelle jemand entgegengekommen, wäre es aus gewesen. Es war ja noch dazu stockfinster!«, erzählt einer der Reisenden.

Schweißgebadet kamen sie nach einer gefühlten Ewigkeit unten in Katmandu an und wankten dankbar, wie mit neuem Leben beschenkt, in ihr Hotel.

Zum Abschied klopfte der Fahrer auf die Motorhaube und verkündete stolzerfüllt: »I very good driver! Save gas!«

Schwergewicht

Startpunkt: Zürich – Muggenbühlstraße
Taxifahrer: Urs M., fährt seit 14 Jahren Taxi

Urs M. trägt ein hellbraunes Cordsakko, ein kariertes Hemd, Hornbrille und hat braunes schütteres Haar. Er entspricht ganz dem Typ Erdkundelehrer. Der 61-Jährige beherrscht neben Schwyzerdütsch noch fünf weitere Sprachen und möchte in seinem Ruhestand eine Weltreise machen.

Urs denkt lange und ernsthaft über seine spannendste Geschichte nach. Schließlich erzählt er folgende Begebenheit:

»Emal isch mir nachts ä Fahrgascht ids Taxi gschtigä, wo extrem dick isch gsi. Also, dä het sicher meh als 200 Kilo gwoge. Des isch vor ämene Reschtoran i dr Inneschtadt gsi.« (Nur zur Info: 200 Kilo entsprechen übrigens in etwa dem Gewicht eines 4 Meter langen Krokodils oder zehn vollen Bierkästen.)

Der dicke Mann vor dem Züricher Lokal erinnerte tatsächlich an einen Sumo-Ringer. Urs hatte Bedenken, dass er das zulässige Gewicht für den Beifahrersitz überschritt. Für Widerspruch war es aber zu spät, der massige Fahrgast hatte sich überraschend schnell in den Wagen gezwängt, den Sitz ganz nach hinten gefahren und Platz genommen. Das Taxi stöhnte geradezu unter der

Last. Der Dicke zog den Sicherheitsgurt bis zum Anschlag heraus und schnallte sich an. Eigentlich wäre das gar nicht nötig gewesen, schließlich verfügte er sozusagen über einen integrierten Airbag. Beim Schalten stieß Urs immer an den Bauch des Passagiers, was ihm äußerst unangenehm war.

»Es isch nume ä Fahrt von 10 Minute gsi, un trotzdäm isch dä Fahrgascht underwägs igschlafä. I has nid gschafft ihn wider zwecke.«

Urs versuchte alles, um den dicken Brocken aufzuwecken, allerdings ohne Erfolg. Der Mann schnarchte selig auf dem Beifahrersitz, als sie am Zielort angelangt waren. Der Taxifahrer wusste nicht weiter. Allein konnte er das schlafende Michelin-Männchen nicht bewegen. So stieg er aus und holte Hilfe.

»Schließläch hani de zwöi Kollegä gfrogt, ob si mir helfä. Mir hei dann ds dritt, dä Fahrgascht us em Taxi zoge und uf enes Bänkli glüpft.«

Der beleibte Fahrgast bekam von seiner veränderten Position nichts mit und schnarchte unbekümmert auf der Bank weiter. Urs steckte ihm seine Visitenkarte mit einer kurzen Nachricht in die Jackentasche.

Der entgangene Lohn war dem Fahrer an diesem Abend egal, er war einfach nur froh, sein Taxi wieder für sich zu haben und dass es durch den Schwertransport keinen Schaden genommen hatte.

»I bi sozäge vore schwerä Lascht befreit gsi«, erzählt Urs lachend.

Zur seiner Überraschung bezahlte der massige Passagier die Fahrt später aber sogar. In einem netten Brief entschuldigte er sich für die Umstände und legte auch ein ordentliches Trinkgeld für die Unannehmlichkeiten dazu.

Schichtende

Startpunkt: München – Landsberger Straße
Taxifahrer: Sepp L., fährt seit über 30 Jahren Taxi

Sepp L. kennt München wie seine Westentasche, kommt aber ursprünglich vom Chiemsee. Der 67-jährige Bayer fährt grundsätzlich nachts, wegen des Verkehrs. Manchmal machen die Nachtschichten dem gelernten Schreiner allerdings zu schaffen, vor allem, wenn es dem Ende zugeht und die bleierne Müdigkeit den Taxifahrern auflauert.

Das Schichtende war zum Greifen nah. Starker Schneefall erschwerte die Sicht an diesem eiskalten Januarmorgen. Sepp rieb sich die Augen und blickte auf die Uhr: 04.43.

»*Zeit, nach Hause zu fahren*«, dachte sich der Taxler. »*Heute geht eh nix mehr.*« Die Wartezeiten werden gegen Schichtende oft unerträglich lang.

Sepp machte sich also auf den Weg zurück nach Germering, das westlich von München liegt. Er war ganz in Gedanken versunken, als ihm stadtauswärts auf der Landsberger Straße im Dunkeln ein Mann zuwinkte.

Eigentlich wollte er keine Fahrten mehr annehmen, hielt aber trotzdem und ließ den Herrn einsteigen, der in der Kälte stand. Glücklicherweise wollte dieser nur ein kleines Stück weiter zu seinem Hotel in Pasing gefahren werden. Das lag direkt auf Sepps Heimweg. Der zurückhaltende Japaner nahm dankbar auf der Rückbank Platz.

»Den nehm ich noch mit«, dachte sich der Fahrer müde. *»Und dann reicht's aber für heute.«*

Das Radio dudelte vor sich hin, die Scheibenwischer waren auf zweithöchste Stufe eingestellt. Es war eine ereignisreiche Nacht gewesen, viel Ärger mit den Fahrgästen, wenig Trinkgeld und anstrengende Straßenverhältnisse. Er hatte ein Paar im Taxi gehabt, das eine Viertelstunde lang einen lautstarken Ehestreit austrug. Die Frau wollte mehrfach aussteigen, riss schließlich an einer Ampel in Haidhausen keifend die Tür auf und sprang aus dem Taxi.

»Du kannst allein nach Hause fahren, du Vollidiot!«, schrie sie und knallte die Tür zu. Dabei klemmte sie den Finger des Mannes ein.

»Du hysterische Kuh! Du hast mir den Finger gebrochen!«, brüllte der Mann schmerzverzerrt, sprang dann aus dem Wagen und eilte ihr nach.

Danach stritten sie sich noch eine Weile auf der Straße weiter, bis der Mann schließlich wieder einstieg und die Frau wie eine Furie davonlief.

Mit einem Schneeball kühlte der Fahrgast auf der Rückbank seinen Finger.

Als Taxifahrer konnte man da nur ruhig bleiben.

»Das ist manchmal schon ein Theater«, dachte sich Sepp. *»Da frage ich mich dann wirklich, warum ich mir das antue. Klar – man ist frei, aber manche Nächte ...«*

Er konnte kaum noch die Augen aufhalten und kniff

sie mehrfach fest zusammen, um die verschwommene Straße zu erkennen, was bei so schlechten Wetterverhältnissen extrem anstrengend war. Endlich war die Arbeit vorbei. Endlich zu Hause. Bett. Schlafen.

Dann fiel Sepp nochmals das streitende Paar ein. *Wo die Frau wohl mitten in der Nacht hingegangen war? Ob die sich wohl wieder vertragen haben? Oder hatte er heute das Ende der Ehe mitbekommen?* Manchmal erlebt man Familienschicksale im Taxi hautnah mit, Streit, Gewalt, Ehen, die zerbrechen. Immer nur eine kurze Episode. Man erfährt fast nie, wie es weitergeht.

Für heute war jedenfalls Schluss. Sepp war endlich zu Hause angekommen und wollte rückwärts in seine Garage einfahren.

Als er sich umdrehte, fiel sein erstaunter Blick aber nicht auf das Eingangstor, sondern auf das freundlich lächelnde Gesicht des Japaners, der ihn aufmerksam ansah.

Money, money!

Der Pate

Startpunkt: München – Rosenheimer Straße
Taxifahrer: Karl T., fährt seit 13 Jahren Taxi mit Unterbrechungen

Karl T. ist klein, schmächtig, und alles an ihm scheint beige zu sein: seine Mütze, seine Jacke und auch sein Gesicht. Er wirkt etwas hilflos und gehört zu der Sorte Taxifahrer, die erschreckt aufblicken, wenn ein Fahrgast zusteigt. Manche Streckenführung ist ihm nicht mehr geläufig, da er längere Zeit nicht im Einsatz war. Man möchte fast anbieten, ihn selbst zum Zielort zu bringen.

Vor einigen Jahren, an einem warmen Junitag, fuhr Karl an der Rosenheimer Straße entlang, als ihm eine attraktive Frau vom Straßenrand zuwinkte. Sie hatte Gepäck dabei, einen großen schwarzen Koffer. Zu ihrer bordeauxfarbenen Seidenbluse trug sie einen edlen schwarzen Rock und war mit viel Schmuck behängt. Ihre blonden halblangen Haare waren zu sorgfältigen Föhnwellen arrangiert. Sie sah so aus, als ob sie zu einem eleganten Dinner oder in die Oper wollte. Ihr Alter war schwer zu schätzen, aber man sah ihr an, dass sie sehr auf sich geachtet hatte.

Karl hob vorsichtig das Gepäck in den Kofferraum, währenddessen stieg die feine Dame langsam ins Taxi und blieb dabei fast mit ihrem Stöckelschuh hängen.

Karl fragte leicht eingeschüchtert: »Wohin darf ich Sie denn bringen?«

Die Blonde entgegnete würdevoll: »Nach Milano, bitte.«

Der Taxifahrer traute seinen Ohren kaum. *War das ein Volltreffer? Konnte das sein? Wieso eigentlich nicht? Milano wäre jedenfalls mit Abstand seine bisher weiteste Fahrt!*

»Entschuldigen Sie, ich will nur sichergehen, dass ich das richtig verstanden habe, Sie möchten also nach Milano, in Italien?«, fragte Karl.

»Genau«, sagte die Frau. »Ich möchte dort meinen Lebensgefährten besuchen, und ich fahre nur sehr ungern mit dem Zug.«

»Das kann ich verstehen!« Der Taxler nickte zustimmend und fuhr los, bevor sie es sich anders überlegte. Nach Milano waren es circa 500 Kilometer, die Fahrt würde also etwa fünfeinhalb Stunden dauern.

»Bei so einer Strecke können wir uns doch sicherlich auf einen Pauschalpreis einigen«, sagte die Dame wenig später. »Bitte machen Sie doch einen Vorschlag.«

Karl rechnete es schnell durch. Er wollte schließlich keinen Wucherpreis verlangen, er war dankbar, überhaupt einmal eine Fernfahrt zu ergattern. So einen Glücksgriff hatte er bisher noch nie gemacht. »Also, ich schlage Ihnen einen Pauschalpreis vor von – sagen wir mal mit den Mautgebühren und dem Benzin sind das 600 Euro.«

»In Ordnung«, sagte die Frau sofort und fügte hinzu: »Mein Freund in Italien wird das bezahlen.«

Karls Euphorie erstarb jäh. Das war also der Haken. *»Die glaubt doch nicht im Ernst, dass ich auf so eine billige Masche reinfalle! Bei so einer weiten Fahrt!«*, ärgerte er sich insgeheim. Dann nahm er seinen Mut zusammen und erklärte höflich, aber bestimmt: »Sie werden sicherlich verstehen, dass ich so eine weite Fahrt aufgrund der anfallenden Benzin- und Mautkosten und zu meiner eigenen Sicherheit nicht ohne Vorschuss antreten kann.«

»Natürlich«, säuselte die Dame, »wie viel wollen Sie denn?«

»Ich würde vorschlagen, 400 Euro jetzt und die restlichen 200 Euro, wenn wir da sind.«

Damit war die Blonde einverstanden. Der Taxler atmete auf und stellte die Uhr aus. Selbst wenn er das restliche Geld nun nicht bekäme, hätte er zumindest keine Unkosten, und eigentlich wirkte die Frau seriös. Außerdem freute er sich, in den Süden zu fahren. Karl mochte Italien. *»Vielleicht bleibe ich dann einfach noch eine Nacht am Gardasee?«*, überlegte er gut gelaunt.

Auf der Fahrt kamen sie ins Gespräch. Die Frau, sie hieß »Angela« und legte Wert darauf, dass ihr Name italienisch ausgesprochen wurde, war seit einigen Monaten mit ihrem Partner aus Milano zusammen. Sie hatten sich auf einer Modemesse kennengelernt. Angela arbeitete für ein deutsches Label im Vertrieb. Sie war sympathisch und aufgeschlossen, wirkte gleichzeitig aber auch distanziert.

Kurz vor Milano kramte sie nach der fünfstündigen

Fahrt ihr Handy aus der Gucci-Tasche und rief ihren italienischen Lebensgefährten an, um ihre Ankunft anzukündigen. Sie sprach fließend Italienisch. Karl lauschte dem Gespräch voller Bewunderung, obwohl er kein Wort verstand.

»Wir treffen uns auf einem Autobahnrastplatz kurz vor Milano. Mein Freund Mario wird mich dort abholen«, erklärte Angela mit einem Augenaufschlag. »Vielleicht wollen Sie noch einen Kaffee mit uns trinken? Allerdings muss ich Sie warnen«, lachte sie glockenhell. »Mein Lebensgefährte ist etwas eifersüchtig.«

»Auf was denn, bitte?«, fragte sich Karl verwundert und sagte: »Ja, einen Kaffee könnte ich jetzt gut vertragen!«

Kurze Zeit später fuhr er auf den vereinbarten Parkplatz und stieg aus. Er lief auf die andere Seite, um der Dame die Tür zu öffnen. Dann wollte er ihr Gepäck holen. Angela stand plötzlich neben ihm und beugte sich ebenfalls über den Kofferraum. Sie hatte zwei Knöpfe von ihrer Bluse geöffnet und lehnte sich weiter nach unten als notwendig. Karl schielte vorsichtig zu ihr, wobei sein Blick automatisch auf ihr üppiges Dekolleté fiel.

Aus dem Restaurant hinter ihnen näherte sich Mario bereits. Der Fahrer drehte sich um. Mario erinnerte ihn sehr stark an »den Paten«. Er sah ganz nach einem Mann aus, der keinen Spaß verstand. Sonderbarerweise schien er sich überhaupt nicht über die Ankunft seiner Freundin zu freuen. Wütend machte er einige

Schritte auf Karl zu und beschimpfte ihn laut auf Italienisch.

Was für ein Spiel wurde hier gespielt? Die Frau versuchte, Mario zu besänftigen, und berührte ihn leicht an der Schulter. Ihre Bluse war immer noch geöffnet. *War das Absicht?*

Den Taxifahrer beschlich der Verdacht, dass sie Mario wahrscheinlich eifersüchtig machen wollte, deshalb die Nummer mit der Bluse. *Oder wollte sie die Fahrt nicht bezahlen, ging es darum?*

Karl war verwirrt. Plötzlich kamen noch weitere Italiener aus dem Restaurant, der Pate rief ihnen etwas zu. Dann kam ihm Mario so nahe, dass er jede einzelne Pore seiner Nase erkennen konnte, und funkelte ihn böse an. *»Hilfe, wo bin ich hier reingeraten?«*, dachte der Taxler verzweifelt. Angela machte nun auch keinerlei Anstalten mehr, sich für ihn einzusetzen.

Mario zog etwas Blitzendes aus der Tasche. Karl handelte schnell. Fluchtartig wieselte er an Mario vorbei, sprang auf den Fahrersitz und drückte auf die Komplettverriegelung. Der bedrohlich wirkende Kerl war bereits an der Tür. Karl gab Gas. Ohne zurückzublicken, fuhr er mit klopfendem Herzen und quietschenden Reifen zurück auf die Autobahn. Das restliche Geld war ihm in diesem Moment egal.

»Auf der Rückfahrt bin ich alle möglichen Szenarien durchgegangen. Vielleicht habe ich die Situation falsch eingeschätzt, vielleicht habe ich auch zu viele Mafiafilme gesehen, vielleicht war das gar kein Messer …«, erzählt der Taxifahrer. »Aber dieser Mario – das können Sie mir glauben – der hat wirklich ausgesehen wie ›der Pate‹.«

Rom-Express

Startpunkt: München – Innenstadt
Taxifahrer: Joachim L., fährt seit 12 Jahren Taxi
(siehe »Spanische Nacht«)

Joachim L. stammt ursprünglich aus Niederbayern, lebt aber bereits seit vielen Jahren in München. Lustige Geschichten hat er in seiner Taxikarriere einige erlebt. Traurige vergisst er schnell wieder, die möchte er nicht in seinem Kopf haben. Abgesehen davon »nimmt er die Dinge, wie sie kommen«, wie auch in dieser Geschichte.

Im April 2010 brachte die Aschewolke des isländischen Vulkans mit dem unaussprechlichen Namen Eyjafjallajökull den europäischen Flugverkehr komplett durcheinander. Gestrichene und verspätete Flüge bereiteten damals vielen Reisenden erhebliche Schwierigkeiten. Gezwungenermaßen mussten sie auf andere Verkehrsmittel umsteigen, um ihren Zielort zu erreichen. Viele Passagiere verpassten wichtige Termine, ihre Anschlussflüge wurden gecancelt, und sie mussten ihre Pläne ändern.

Für die Taxifahrer hingegen war das eine Zeit, in der man die ein oder andere Fernfahrt ergattern konnte. In diesen Tagen fand darüber hinaus die BAUMA, die größte internationale Messe für Baumaschinen und Baugeräte, in München statt.

In der Innenstadt trat ein älterer Herr in edlem Zwirn vor einem Hotel an das Taxi von Joachim. Er sah den Fahrer mit ernster Miene und durchdringendem Blick an und sagte: »Ich muss zu einem sehr wichtigen Termin nach Rom. Ich muss am Montagmorgen um 8 Uhr in der Firmenzentrale sein. Bitte antworten Sie mir ehrlich: Schaffen Sie das?«

Joachim überschlug kurz die Zeit und checkte die Strecke mit seinem Navigationsgerät. Nach Rom waren es ungefähr 920 Kilometer, und bei guter Verkehrslage würde er etwa 8,5 Stunden brauchen. Es war Sonntag 22.12 Uhr. *»Das müsste eigentlich zu schaffen sein«*, überlegte der Taxler. *»Wenn ich keine langen Pausen mache …«*

»Ich kann es Ihnen nicht versprechen. Aber ich kann versprechen, dass ich alles tue, damit Sie es schaffen!«, antwortete er dem Fahrgast.

»Danke.« Der Mann stieg ein. Wie sich herausstellte, war er Vorstand eines international tätigen Unternehmens. Sein Flug war, wie unzählige andere in diesen Tagen auch, komplett gestrichen worden.

»Ich bin durchaus bereit, Ihnen ein angemessenes Trinkgeld zu geben, wenn ich den Termin einhalten kann«, versprach der Vorstand.

»Der musste irgendwie zu einer Aufsichtsratssitzung oder so was in der Art. Zu so einer Versammlung, wo ein Haufen Leute anwesend sind und nur auf ihn warten«, erinnert sich Joachim.

Die beiden einigten sich auf den stolzen Pauschalpreis von 1.500 Euro, wenn der Fahrgast pünktlich zu seinem Termin eintreffen würde. Dann ging es los. Joachim gab alles. Drückte das Gaspedal bis zum Anschlag durch. Trank becherweise Kaffee beim Fahren. Machte keine Pause. Raste nach Innsbruck über den Brenner. Zischte vorbei an Verona, tankte auf der Höhe von Bologna kurz auf, während sein Fahrgast auf der Rückbank schlief. Ließ Florenz und Arezzo links liegen. Und traf um 7.33 Uhr am Zielort ein.

Der Taxifahrer erinnert sich: »Ich hatte auch Glück. Wenn da irgendein Stau gewesen wäre, hätte alles ganz anders ausgesehen. Als ich schließlich da war, hab ich die 1.500 Euro kassiert. Der hat das einfach so hingeblättert – Cash. Zack, zack, zack. Kaum zu glauben. Der hatte die Kohle einfach so in seinem Geldbeutel. Na, und ich hab's dann drei Tage lang in Rom krachen lassen. Ich hab DIE GANZE KOHLE verprasst!«, lacht Joachim und freut sich über sich selbst. »Und dann kam ich zurück und hatte Schulden bei meinem Chef. Den musste ich natürlich ausbezahlen!«

Der Taxifahrer bereut seinen kostspieligen Romaufenthalt überhaupt nicht. »Aber mei, ich hab da drei Tage gelebt wie ein König, also des war schon was ganz anderes mit 1.500 Euro in der Tasche! Und wann ist man denn schon mal in Rom? Man muss die Dinge einfach nehmen, wie sie kommen ...«

Der Scheich

Startpunkt: Hamburg – Fairmont Hotel Vier Jahreszeiten
Taxifahrer: Gunnar W., fährt seit 21 Jahren Taxi

Gunnar W. kommt ursprünglich aus Buxtehude und hat definitiv zu viele Fischbrötchen gegessen. Aufgrund seiner Körperfülle beansprucht er fast beide Vordersitze. Vorne in seinem Handschuhfach hat er eine kleine Snackbar für seine Fahrgäste eingerichtet. Hier findet man Leckereien, die nicht bröseln: Bonbons, Gummibärchen und Lollis.

Das Fairmont Hotel *Vier Jahreszeiten* in Hamburg gilt als das »Grandhotel« der Stadt und hat immer hochkarätige Gäste. Als Gunnar seinen Passagier im Hotel abholen sollte, wusste er zunächst nicht, wie er sich genau verhalten sollte. Der Taxler hatte nämlich noch nie einen Scheich gefahren.

Ganz in weiß gekleidet, mit einem weißen Tuch und einer schwarzen Kordel um den Kopf, wartete der Herr auf einem Sessel in der Hotellobby. Gunnar meldete sich an der Rezeption, und ein Hotelangestellter geleitete den Scheich schließlich zusammen mit ihm zum Taxi. Der Fahrer verbeugte sich vorsichtshalber ein wenig, öffnete diensteifrig die Hintertür und ließ den Araber einsteigen.

»Where would you like to go? «, fragte Gunnar höflich und startete das Taxi.

»To Kempinski«, antwortete der Scheich knapp.

»To Hotel Atlantic Kempinski?«, versicherte sich der Taxler vorsichtshalber, denn dieses Hotel liegt eigentlich nur etwa fünf Minuten entfernt vom Fairmont.

Statt zu antworten, reichte ihm der Fahrgast von hinten eine Einladung, auf die eindeutig die Adresse des Hotels Atlantic gedruckt war.

Enttäuscht gab Gunnar sie zurück. *»Na, toll«*, dachte er sich. *»Da hat man mal einen Scheich im Auto, und dann fährt der Kurzstrecke. Aber so jemand läuft natürlich nicht zu Fuß über die Lombardsbrücke, ist ja klar ...«*

Vor dem Hotel an der Alster angekommen, blickte der Dicke auf sein Taxameter. »6,90 Euro, please!«

Der Scheich öffnete seinen Geldbeutel, der ein ganzes Bündel 100-Euro-Scheine enthielt, und reichte ihm einen davon.

»Klasse, jetzt darf ich auch noch wechseln«, dachte Gunnar verärgert und kramte genervt in seiner Börse.

»Keep the change!«, sagte der Araber knapp.

»Oh«, stotterte Gunnar. »Thank you very much!« Er beeilte sich auszusteigen, um dem Scheich die Tür aufzuhalten.

Ohne ein weiteres Wort verschwand dieser im Hoteleingang.

»Na, den nehm ich gerne wieder mit!«, freute sich der Taxler und starrte noch eine Weile verwundert auf den Schein, bevor er losfuhr.

Schlüsseldienst

Startpunkt: Frankfurt – Flughafen
Taxifahrer: Gunther E., fährt seit 3 Jahren Taxi

Der 67-jährige Gunther E. trägt ein Alcantara Herrenblouson und hat eine sorgfältig polierte Glatze. Taxi fährt er, um seine Rente aufzubessern. Außerdem fühlt er sich noch nicht reif für den Ruhestand. Er ist ein klassischer »Flughafenfahrer«.

»Flughafen zu fahren ist eigentlich immer eine sichere Sache. Natürlich wartet man manchmal eine gewisse Zeit. Dafür hat man in der Regel solide Fahrgäste, die eine gute Strecke fahren«, erklärt Gunther.

Der Rentner kann in seiner dreijährigen Fahrpraxis bereits eine schöne Fernfahrt verbuchen. Nachmittags wartete er am Frankfurter Flughafen, als ein junges Paar auf die Taxischlange zusteuerte. Gunther war eigentlich erst der Zweite in der Reihe, aber der Fahrer des ersten Taxis war offensichtlich gerade nicht anwesend.

Die beiden Fahrgäste waren braun gebrannt und etwa 35 Jahre alt. Zahlreiche Gepäckstücke befanden sich auf ihrem Wagen. Sicherlich kamen sie von einer Urlaubsreise aus dem Süden zurück. Als Gunther ausstieg, um die Koffer einzuladen, meinte der Mann: »Bevor mir losforn, müss ma noch mal mit Ihnen redn.«

»Ja, gerne«, meinte der Taxler aufgeschlossen. »Was gibt's denn?«

»Mir ham a weng a Broblem«, sagte der Fahrgast.

»Oje«, befürchtete der Taxler, *»hoffentlich kommt jetzt nicht so eine Geschichte, von wegen Geldbeutel gestohlen ...«* Er betrachtete seine Fahrgäste genauer. Beide trugen kurze Hosen und weiße T-Shirts, die offensichtlich ihre Urlaubsbräune betonen sollten. Die Frau hatte sich ein buntes Tuch um die Haare gewickelt. Auf einem Koffer war Gunther ein »I love Ibiza«-Aufkleber ins Auge gestochen. So folgerte er, dass die Gäste geradewegs von der Mittelmeerinsel kamen.

Der Urlaubsreisende fuhr fort: »Mir ham nämich eichentlich unser Audo am Flughafen gebarkt ...«

»Und jetzt wissen Sie nicht mehr genau wo, und ich soll sie durch die Parkhäuser fahren, oder wie?«, bemerkte Gunther und ärgerte sich, dass er das Gepäck bereits eingeladen hatte.

»Na, des isses ned«, mischte sich die Frau ein. »Mir ham unsern Audoschlüssel im Urlaub verlorn. Überall hamma gschaut, ober der is nemer da. Jetzt müss ma ham forn und den andern Schlüssel holn. Is halt so! Und dann müss ma wieda redur zum Flughafn und des Audo holn. Kamma da nichts am Breis machen?«

»Aber sicher«, meinte Gunther hochzufrieden. »Für solche Rückfahrten gibt es immer einen Spezialtarif. Das kostet dann ungefähr die Hälfte.«

Der Taxler freute sich über das vergessliche Paar, das

war die perfekte Fahrt für ihn. Er fuhr ja ohnehin immer wieder an den Flughafen zurück.

»Steigen Sie doch ein«, bat er das Pärchen. Dann erst fiel ihm der starke Dialekt auf, den die beiden hatten. »Äh, ich nehme an, Sie kommen nicht aus Frankfurt, oder?«

»Mir sin aus Nämberch«, sagte die Frau und stieg ein.

»So ein Glück! Gleich zweimal an einem Tag eine so lange Strecke!«, freut sich Gunther immer noch. »Die Fahrt hat über 500 Euro gekostet, ich bin den beiden zwar entgegengekommen, aber das war trotzdem ein sehr teurer Schlüssel! In Nürnberg angekommen, hat mir die Frau noch einen Kaffee gemacht, und dann ging es mit ihrem Mann wieder retour.«

Eine irre Fahrt

Startpunkt: München – Leopoldstraße
Taxifahrer: Jürgen C., fährt seit 9 Jahren Taxi

Jürgen C. ist klein, hat ein rundes, unauffälliges Gesicht und halblanges, gewelltes Haar. Er benutzt »Old Spice« oder ein anderes, sehr intensiv männlich riechendes Aftershave. Genau wie er selbst ist sein Taxi auffallend gepflegt und in blitzblankem Zustand.

Die attraktive Dame am Straßenrand fiel bereits von Weitem auf. Ihr kurzes blondes Haar war perfekt gestylt, und zu ihrem schwarzen Kostüm trug sie High Heels und eine edle Handtasche. Ihr Gesicht war hinter der riesigen Sonnenbrille à la Victoria Beckham kaum zu erkennen. Wie sich herausstellte, hatte die Geschäftsfrau beruflich oft in München und Lindau zu tun, wollte aber zunächst in ihrer Wohnung in Augsburg ein paar persönliche Dinge abholen. Die Fahrzeit von München über Augsburg nach Lindau beträgt insgesamt etwa zweieinhalb Stunden.

»Wollen Sie einen Pauschalpreis für die Fahrt vereinbaren?«, fragte Jürgen seinen Fahrgast nach dem Einstieg auf der Leopoldstraße.

»Ach, lassen Sie die Uhr ruhig laufen, das geht sowieso auf die Firma«, erklärte die Frau. »Kann ich bei Ihnen mit Karte bezahlen?«

»Kein Problem«, verkündete der Taxler stolz und deutete auf sein EC-Gerät, das er als äußerst praktisch empfand. So hatten manche Taxigäste keine faulen Ausreden mehr. Bei dieser Dame schien Geld allerdings ohnehin kein Thema zu sein.

Auf der Fahrt riskierte er des Öfteren einen Blick in den Spiegel, um die schöne Frau heimlich anzusehen. Sie sprachen nur das Notwendigste. Allerdings hatte er das Gefühl, dass die Dame ihn von hinten ebenfalls beobachtete. Immer wenn er zurückblickte, sah sie ihn vieldeutig lächelnd durch ihre leicht transparente Sonnenbrille an, die sie während der gesamten Fahrt nicht abnahm.

»Oha«, dachte sich der Taxifahrer.

Beim Zwischenstopp in Augsburg kehrte die Geschäftsfrau mit einer kleineren Reisetasche wieder zurück. Sie nahm ihr Gepäck mit auf die Rückbank und kramte während der Weiterfahrt nach ihrem Schminktäschchen. Mithilfe eines Handspiegels zog sie sich die Lippen nach. Als der Chauffeur interessiert in den Rückspiegel blickte, lächelte sie ihn wieder mit roten Lippen an.

»Oha«, dachte sich der Taxifahrer. *»Vielleicht ist hier noch mehr drin?«*

Kurz vor Ankunft in Lindau fragte Jürgen: »In welchem Hotel sind Sie denn untergebracht?«

»Eigentlich würde ich gerne noch etwas mit Ihnen trinken gehen. Sozusagen als Belohnung zum Abschluss. Ich kenne da ein nettes Lokal. Ich zeige Ihnen gerne den Weg.« Die Frau lächelte ihn geheimnisvoll an.

»Na, das klingt doch gut!«, freute sich Jürgen und spürte eine leise Aufregung in sich aufsteigen. Lindau war ihm komplett fremd, die Frau allerdings kannte sich sehr gut aus. Geschickt lotste sie ihn durch die kleinen Gässchen und verkündete schließlich: »So, wir sind da.«

Sobald er den Wagen angehalten hatte, stieg sie mit ihrer Tasche aus und ging zielstrebig zu einem Haus auf der gegenüberliegenden Straßenseite.

»Halt, halt! Nicht so schnell!«, rief er ihr nach. Er parkte eilig den Wagen und lief der Frau hinterher. Ein lauschiges Lokal konnte er nicht entdecken. In einem großen, orange gestrichenen Haus mit weißen Fensterläden sah er die Geschäftsfrau verschwinden.

»Hier?«, überlegte der Taxifahrer verwundert und las das Schild rechts am Eingang: »Psychiatrische Tagesklinik«.

Jürgen verstand gar nichts mehr. *»Was will die denn jetzt hier? Die war doch ganz normal? Oder hatte er da etwas völlig falsch interpretiert?«* Misstrauisch betrat er die Klinik und fand seinen Fahrgast im Eingangsbereich wieder.

»Sie müssen das Taxi noch bezahlen!«, sagte er aufgeregt. Die Taxiuhr hatte 330 Euro angezeigt.

Die Dame sah ihn merkwürdig an und lächelte. Sie hatte ihre Sonnenbrille immer noch nicht abgenommen.

»Bitte«, beruhigte ihn eine Dame des Pflegepersonals. »Wir brauchen hier unbedingt Ruhe. Ich kümmere mich darum! Lassen Sie mir Ihre Karte hier, und gehen Sie jetzt sofort, bitte.«

Jürgen wartet bis heute auf sein Geld. »Eine schöne Irrfahrt war das. Ich ärgere mich immer noch darüber. Ich war aber auch so was von bescheuert! Seitdem lasse ich mir Fernfahrten immer vorher bezahlen!«

Streithammel

Startpunkt: München – Ganghoferstraße
Taxifahrer: Alfred D., fährt seit 23 Jahren Taxi

Alfred D. hat in seiner Taxilaufbahn so viel erlebt, dass man ihm eine professionelle Distanz zu den Geschehnissen anmerkt. Ihn kann nur noch wenig überraschen, und auch körperlich wirkt er fit und nicht leicht umzuhauen.

Inwieweit man sich in das Leben eines Taxigastes einmischt oder Anteil daran nimmt, bleibt selbstverständlich jedem Fahrer selbst überlassen. Alfred sieht sich in erster Linie als Chauffeur, selbst wenn es dabei in den Wald geht.

Vor etwa drei Jahren stieg ein muskulöser Fahrgast in einer grünen Bomberjacke mit Fellkragen bei Alfred vorne ins Taxi. Er strahlte eine gewisse Aggressivität aus. Sein gerötetes Gesicht ließ erahnen, dass man sich besser nicht mit ihm anlegte.

»I hab glei gmerkt, dass der auf 180 is und schlägern mog«, berichtet der Fahrer. »A typischer Raufbold eben. Und dann schickt der mi nach Eichenau naus.«

Die Gemeinde Eichenau liegt ungefähr 20 Kilometer von München entfernt und gehört zum oberbayrischen Landkreis Fürstenfeldbruck. Am Ortsende wollte der Raufbold weiter in Richtung Wald. Weil der Taxler dort oft mit seinem Hund spazieren ging, kannte er die Strecke sehr gut.

Während der gesamten Fahrt schimpfte der Mann in der Bomberjacke vor sich hin und führte Rache-Selbstgespräche: »Ja, also der bläde Hund, dem zoag ich's, den schlog i zam, der kann was erlebn!« Er ballte die Fäuste und grollte weiter: »Den mach i fertig, der haut mi ned no amoi übers Ohr!«

Alfred war nicht zimperlich, was Schimpftiraden anbetraf, blieb einfach ruhig und ließ ihn vor sich hin fluchen.

»Am besten ma mischt sich da gar ned ein und lässt solche Fahrgäste in Ruhe. Machen kannst da eh nix und solange er mir ned aus Wut des Taxi kaputt macht, stell i einfach meine Ohrn auf Durchzug«, erklärt der Fahrer. »Oder i sag immer: ›Ja genau!‹, das hilft a meistens.«

Irgendwann mitten im Wald rief der Raufbold dann: »So, anhalten!«

Alfred stoppte an einer Lichtung vor einer kleinen Hütte. Es war eine Art Bretterverschlag, aber anscheinend wohnte hier auch jemand, zumindest zeitweise. Der zornige Fahrgast sprang aus dem Taxi, lief um die Hütte herum und brüllte von allen Seiten derbe Flüche: »Du Schwein, du Sau, komm raus, dir werd ich's zeigen!«

Aber der, gegen den das gerichtet war, zeigte sich nicht. *»Des is wahrscheinlich auch besser so«*, dachte sich Alfred insgeheim.

Der Raufbold wurde dadurch noch wilder, er hämmerte an die Fenster und versuchte, die Tür mit seinen Springerstiefeln einzutreten: »Komm raus, du feiger Hund, i woass, dass du di da drin versteckst!«, brüllte er die Hütte an. Dann nahm er einen großen Ast und schlug damit ein Fenster ein.

Alfred überlegte sich an dieser Stelle, ob er nicht besser umdrehen sollte. Manchmal lassen Menschen ihre Aggression ja am Nächstbesten aus. Da er aber nicht zur ängstlichen Sorte gehörte, wartete er einfach ab, was weiter geschehen würde.

Nach etwa zehn Minuten Hämmern, Schreien und Fenster-Einschlagen hatte der Raufbold verstanden, dass sein Gegenspieler tatsächlich nicht in der Hütte war. Bebend vor Zorn setzte er sich auf den Beifahrersitz und wollte zurück in die Stadt. Die beiden fuhren den Waldweg zurück, als ihnen auf einmal ein Spaziergänger entgegenkam.

»Anhalten!«, schrie der Raufbold laut, als er den Spaziergänger sah, sprang aus dem Taxi und stürzte auf den anderen los. Völlig überrascht, was ihm da aus einem Taxi mitten im Wald entgegengestürzt kam, taumelte dieser ein paar Schritte nach hinten. Der Raufbold traf ihn mit solcher Wucht, dass der Spaziergänger zu Boden ging. Der Taxigast holte weit aus und schlug dem auf dem Boden Liegenden die Nase blutig. Sein Gegner war aber auch nicht zartbesaitet und versetzte dem Raufbold einen heftigen Tritt in den Magen, sodass auch dieser sich schmerzverzerrt auf den Boden fallen ließ. Es kam zu einer wilden Schlägerei.

Alfred erinnert sich: »Dann ham die zwei vor meim Taxi im Dreck gschlägert. Also, des glaubt ma doch ned, oder? I hob scho überlegt, ob I da eingreif, aber eigentlich war des dene ihr Bier. Ich woass ned, wie lange des dauert hat, aber irgendwann hams dann beide koa Kraft mehr ghabt, auf jeden Fall hams dann einfach aufghört.«

Der Spaziergänger hatte sicherlich eine gebrochene Nase, er hielt eine Hand an sein blutiges, schmerzverzerrtes Gesicht. Schimpfend humpelte er in den Wald in Richtung Hütte. Der Raufbold aber stieg, als ob nichts gewesen wäre, wieder ins Taxi und setzte sich blut- und dreckverschmiert auf den Beifahrersitz.

»I hab da lieba nix gsagt, sonst hätt der mir a no eine

runterghaun«, erzählt Alfred. »Ich hab danach lieba mei Taxi sauber gmacht.«

»Ganghoferstraße«, knurrte es. Alfred fuhr los.

Er erfuhr nie, was den Streit ausgelöst hatte, Spielschulden, Drogen, Geld oder vielleicht etwas ganz anderes. »Warum des war, woass i ned, i hab a ned gfragt, weil, mir war's eigentlich wurscht. Na, und dann samma wieder zurückgfahren in die Ganghoferstraße. Ich mein, es war a Superfahrt und a guads Geld!« Alfred lacht. »Aber mei, Streithammel halt ...«

Der Schweizer

Startpunkt: Freiham – Möbelhaus Höffner
Taxifahrer: Stefan S., fährt seit 11 Jahren Taxi

Zwei Dinge sind es, die Stefan am Taxifahren am meisten genießt: seine Freiheit und die Tatsache, dass man sein eigener Chef ist. »Ich kann tun, was ich will, wann ich will, und wenn mir ein Fahrgast nicht passt, weiß ich, dass der auch bald wieder aussteigen wird«, erklärt der betont lässige Einhandfahrer. Bei der folgenden Geschichte war das auch gut so.

»Meine weiteste Fahrt war nach Stuttgart. Das ist keine Weltreise, aber dafür hatte ich da einen ganz speziellen Fahrgast auf dieser Strecke …«, erzählt Stefan.

Der Taxifahrer wurde abends von der Polizei zum Parkplatz des Möbelhauses Höffner bei Freiham gerufen, um dort einen Passagier mitzunehmen.

»Des kann ja was werden, wenn da gleich die Bullen anrufen …«, dachte er sich misstrauisch. Als er auf den Parkplatz einbog, fand der Taxler schnell die Stelle mit dem Streifenwagen. Daneben stand eine protzige schwarze Mercedes S-Klasse. Vor den Fahrzeugen konnte er zwei Polizeibeamte und einen kleinen älteren Herren erkennen. Das musste der Fahrgast sein. Er trug einen maßgeschneiderten schwarzen Anzug, dazu passend einen schwarzen Mantel und Hut. Stefan schätzte

ihn auf etwa 70 Jahre, allerdings hatte der Mann bereits schlohweißes Haar, das unter seiner Hutkrempe hervorleuchtete. Als er das Taxi abgestellt hatte und auf die kleine Gruppe zuging, begrüßte ihn einer der Polizeibeamten: »Ah, das Taxi. Gut, dass Sie so schnell gekommen sind. Wir bräuchten hier einen Transfer nach Stuttgart für diesen Herrn. Er ist nicht mehr fahrtüchtig.«

»Stuttgart«, dachte sich Stefan. *»Nicht schlecht. Aber die Sache hat doch bestimmt einen Haken?«*

»Wieso muss denn der Herr nach Stuttgart und weshalb ist er nicht mehr fahrtüchtig?«

»Dieser Mann«, erklärte der Größere der Polizisten in abgehacktem Beamtenton, »ist durch seine Fahrweise unangenehm aufgefallen. Wir haben ihn aufgrund seiner Schlangenlinien aus dem Verkehr gezogen. Der Alkoholtest war zwar negativ, aber so kann er trotzdem nicht weiterfahren. Er würde eine Gefahr für andere Verkehrsteilnehmer darstellen.«

»Verstehe!«, meinte der Taxler. Er war immer noch skeptisch. Irgendetwas an diesem weißhaarigen Herrn im Anzug war faul.

»Wohin müssen Sie denn in Stuttgart?«, fragte er den Fahrgast.

»Ids Hotel Marriott«, antwortete dieser in astreinem Schwyzerdütsch und deutete auf seinen schwarzen Aktenkoffer. »I ha gschäftlich ds Schtuttgart ztue!«

Die Polizei verabschiedete sich. Stefan wartete, bis die Mietwagenfirma die Mercedes S-Klasse abgeholt hatte, die sich der Schweizer für seinen Geschäftstermin in Stuttgart ausgesucht hatte.

Kurz darauf saßen sie im Taxi. Der Passagier kramte in seinem Geldbeutel herum und schien leise zu zählen. Der Taxler schielte neugierig zu ihm hinüber. Er sah lauter druckfrische 50-Franken-Scheine herausblitzen.

»Was will der denn mit der ganzen Kohle?«, fragte er sich. *»Das ist doch nicht normal, das sind bestimmt über 20.000 Euro!«*

Als Nächstes fing der Fahrgast an, sich seiner Schuhe zu entledigen. Ein strenger Fußgeruch verbreitete sich im Taxi. Stefan wollte die Fahrt schnell hinter sich bringen. Kurz hinter Ulm raste er mit 200 km/h auf der Autobahn seinem Ziel entgegen und ließ Klassikradio laufen.

Plötzlich und völlig unerwartet öffnete der Schweizer die Beifahrertür.

»Sind Sie verrückt!«, schrie Stefan entsetzt und lenkte den Wagen abrupt von der linken Spur quer über die Autobahn auf den Seitenstreifen. Von hinten ertönte ein Hupkonzert. Mehrere Fahrer zeigten dem Taxler den Vogel.

Auf dem Standstreifen atmete Stefan erstmals durch.

»Also, das war jetzt wirklich so was von gefährlich! Sind Sie eigentlich noch ganz richtig im Kopf? Sie können bei diesem Tempo doch nicht einfach die Tür öffnen! Wollen Sie sich umbringen?«

Der Schweizer erklärte höflich: »Dr Gurt het i dr Türe klemmt, i ha mi nume wöle befreie.«

»Öffnet bei Höchstgeschwindigkeit die Tür, weil der Gurt klemmt … Der ist doch nicht ganz dicht! Hoffentlich fällt dem nicht noch so eine Aktion ein«, dachte sich der Taxifahrer, als er etwas langsamer weiterfuhr. *»Puh, noch eine knappe Stunde bis Stuttgart. Bin ich froh, wenn ich den los bin. Manchmal ist es schön, wenn ein Fahrgast einsteigt, aber oft ist es noch schöner, wenn er wieder aussteigt …«*

Versetzt

Startpunkt: Düsseldorf – Nachtresidenz
Taxifahrer: Christian K., fährt seit 5 Jahren Taxi

Christian K. ist Ende 20, trägt eine Nerdbrille und eine T-Shirt mit dem Aufdruck »Reality is where the Pizza man comes from«. Er fährt Taxi, um sein Informatikstudium zu finanzieren, will aber demnächst damit aufhören.

»Ja, also meine beste Geschichte … Die Leute denken immer, Wunder was man beim Taxifahren erlebt. So spannend ist das gar nicht. Was mir gerade spontan einfällt, ist ein Paar, das ich letzte Woche mitgenommen habe. Die kamen von einer Party in der Nachtresidenz. Es war schon ziemlich spät, oder eher früh, also vielleicht vier Uhr. Die beiden sahen aus, als wollten sie sich bei ›Deutschland sucht den Superstar‹ bewerben oder so …«, erinnert sich Christian.

Die Partybesucher hatten sich mit ihren Outfits große Mühe gegeben. Das blonde Mädchen war noch recht jung, vielleicht 18 Jahre alt. Sie trug ein schwarzes teilweise transparentes Kleid und war stark geschminkt. Er war kaum älter und verlieh seinem betont lässigen Outfit mit Schal und Hut den letzten Schliff. Nach kurzer Tuschelei auf der Rückbank entschieden sich die beiden, zu seiner Wohnung nach Oberbilk zu fahren, das östlich von der Stadtmitte liegt.

Als sie vor seinem Wohnblock angelangt waren, meinte er: »Wart mal kurz, ich hol oben schnell das Geld!« Sie sah ihn irritiert an, sagte aber nichts und blieb sitzen. Offensichtlich war das so nicht abgesprochen gewesen.

»Na, und dann haben wir gewartet und gewartet. Über zehn Minuten! Aber der Kerl kam nicht mehr zurück«, erzählt Christian. »Und sie hatte kein Geld und keine Ahnung, wie er mit Nachnamen heißt. Und dann kam raus, dass sich die beiden erst an diesem Abend kennengelernt hatten. Der Typ hat sich nur billig heimfahren lassen. Die hat er ganz schön versetzt.« Christian grinst: »Das Mädchen hat dann in seiner Not mitten in der Nacht noch seine Eltern rausgeklingelt, um mich bezahlen zu können. Die hatte auch keinen Hausschlüssel dabei, weil sie behauptet hat, dass sie bei einer Freundin schläft. Das war der vielleicht peinlich, so was passiert ihr bestimmt nicht noch mal ...«

Barfuß

Startpunkt: München – Giesing
Taxifahrer: Alex Z., fährt seit 10 Jahren Taxi

Alex Z. trägt ein kakifarbenes T-Shirt mit dazu passendem Baseballcap. Sein Fahrstil richtet sich nach dem Motto: »Da darf man nicht durchfahren, aber das ist mir wurscht.« Der lustige Taxler hat viele Stammkunden und ist ein angenehmer Gesprächspartner. Sein merkwürdigster Fahrgast wusste das sicherlich auch zu schätzen.

Die skurrile Gestalt am Straßenrand in Untergiesing fiel Alex bereits aus der Ferne auf, als er die Untere Weidenstraße entlangfuhr. Es war kurz vor Mitternacht, doch der Herr vor der Kneipe trug eine Sonnenbrille und war barfuß.

»Zum Marienplatz, bitte«, meinte er, als Alex anhielt. Der Taxifahrer blickte besorgt auf die Füße seines Passagiers. Sein Knöchel sah ziemlich lädiert aus und war blutverschmiert.

»Also, der war scho a rechte Erscheinung!«, erinnert sich Alex. »Dann hob i ihn gfragt, ob er sich des überhaupt leistn kann. Die Pappenheimer kenn i nämlich scho! Dann holt er sein Ledergeldbeutel raus und schmeißt mir ’nen 50er hin.«

»Reicht das?«, fragte der Barfüßige.

»Ja, also zum Marienplatz reicht des locker! Aber

wolln Sie ned lieba zum Arzt?«, schlug Alex vor. »Sie san ja verletzt!«

Nein, der Mann wollte zum Marienplatz. Dort wollte er eine rauchen. Da das im Taxi nicht erlaubt ist, stieg er brav aus und rauchte draußen. Barfuß stand er im November qualmend an der Mariensäule. Einige nächtliche Touristen machten einen größeren Bogen um ihn. Danach stieg er wieder ins Taxi, die Uhr zeigte 23 Euro an. »So, und jetzt verfahren wir das restliche Geld!«

»Oiso der war scho komisch, aber ned bsoffn oder so! Eigentlich war der scho ganz in Ordnung …«, erinnert sich Alex. »Der hat mir dann jedenfalls die Story vom Toten Hund erzählt, von Raumfahrflottn und allem möglichen esoterischem Schmarrn … Oiso der is quasi nur zum Ratschn eingstiegn. Und dann, als der 50er weg war, hat er mir den nächsten Schein hingeworfn, und so ging des weiter.«

Alex erfuhr in den zweieinhalb Stunden Fahrt sämtliche Details über außerirdische Lebewesen und Entführungen aus dem Weltall. Nach seinem umfassenden Vortrag wollte der blutende Experte wieder an den Ursprungsort zurück, um in der Kneipe in Giesing seine Schuhe abzuholen.

»Zum Schluss hat er mir noch 20 Euro reingschmissn und hat gsagt, des is Trinkgeld«, erzählt Alex. »Von kurz vor zwölf bis halbe drei hob i den rumgfahrn. Da gibt's schlechtere Fahrten …«

Taximixt(o)ur

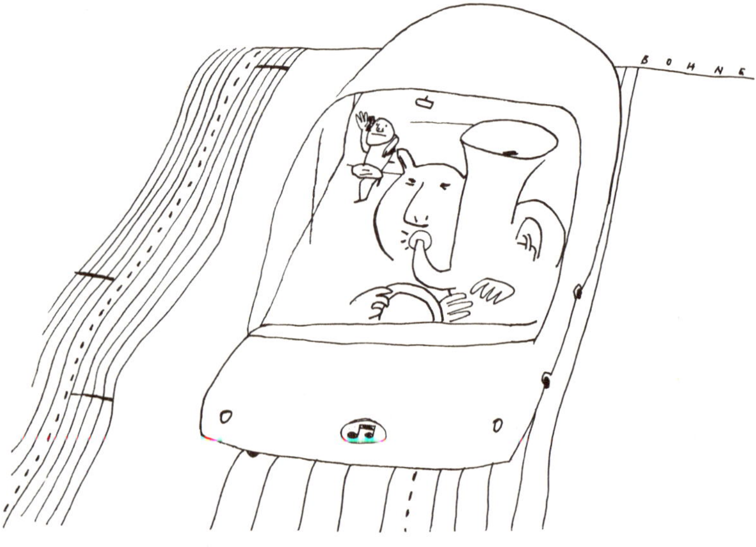

Das Musik-Taxi

Strecke: In Hamburg
Taxifahrer: Clemens G., fährt seit 6 Jahren Taxi

Clemens G. hat seine große Leidenschaft mit ins Taxi genommen. Über ein im Fahrzeug installiertes Tablet wählt er für seine Fahrgäste geeignete Musik aus. Der gebürtige Hamburger betrieb früher sogar einen eigenen Klub in der Hansestadt und arbeitete als DJ. Bei den Gästen kommt das gut an. »Ein spannender Job, wenn man sich für Menschen interessiert«, sagt Clemens G.

Clemens wird viel über »myTaxi« gebucht. Diese Taxi-App floriert derzeit auf dem deutschen Markt, und laut Financial Times ist inzwischen tatsächlich jedes fünfte Taxi angebunden.

Smartphone-User sind mit dieser Anwendung in der Lage, verfügbare Taxis im Umkreis zu orten und dann per Knopfdruck zu bestellen. Ein entscheidender Vorteil für den Fahrgast besteht darin, dass er auf dem Handy verfolgen kann, wie das Taxi auf ihn zusteuert. Zudem hat er alle Daten des Fahrers: Fahrzeugtyp, Name, Foto und Handynummer. Es gibt sogar eine eigene Nutzerbewertung. Unfreundliche Fahrer werden als schwarze Schafe geoutet. Freundliche und hilfsbereite Fahrer werden mit guten Bewertungen belohnt. So lassen sich schnell Stammfahrer wählen und Taxifreundschaften schließen.

Clemens erklärt: »Diese App wird vor allem von Frauen gerne genutzt, denn die wissen dann sofort, wer kommt und auch wann. Da werden die Sekunden runtergezählt. Jetzt gehe ich also runter aus dem 3. Stock, dann bin ich gleichzeitig mit dem Taxi vor der Tür usw. Man kann vorher den Preis und die Fahrzeit von der App schätzen lassen, das gibt den Kunden zusätzlich Sicherheit. Für den Taxifahrer hat das aber natürlich auch Vorteile, er hat die Adresse und den Namen des Fahrgastes. Mit einem Telefonbutton können sich Fahrgast und Taxifahrer gegenseitig anrufen, falls irgendwas zu klären ist, also, ob man ein Haustier mitnehmen darf oder Ähnliches. Eine zusätzliche Besonderheit ist, dass man tatsächlich Wunschfahrer festlegen kann. Bei der Taxizentrale ist im Gegensatz dazu alles viel anonymer.«

Clemens hat diese Kundenbindung noch optimiert. Wenn ein Fahrgast bei ihm einsteigt, kann er sich die Musik selbst aussuchen oder wird nach der Einschätzung des Taxifahrers musikalisch beglückt.

»Deshalb steht in der App nicht nur mein Name, sondern auch, dass ich die Fahrgäste auf Wunsch mit ihrer Lieblingsmusik zum Zielort bringe«, sagt Clemens.

Über einen Internet-Streaming-Dienst kann der Hamburger Taxifahrer aus einer Menge von über 15 Millionen Titeln für seine Fahrgäste die passende musikalische Untermalung wählen.

»Das ist wirklich toll. So habe ich für jeden die passende Musik. Funktioniert aber nur abends und nachts wirklich gut. Häufig frag ich auch die Kunden, was sie denn für Musik hören möchten. Am letzten Wochenende hatte ich Kundschaft aus einem Szene-Italiener in der Davidstraße. Aus dem ›Cuneo‹ kam gehobene Mittelschicht. Die zwei aufgetakelten Frauen wollten mit ihren Männern zu einem Tango-Café. Dann habe ich ohne Ankündigung einen Tango ausgewählt. Der Herr neben mir wiederum fand Tango aber nicht so klasse und wirkte etwas genervt. Deshalb habe ich für diesen Fahrgast im Anschluss Georg Kreisler rausgesucht, das ist ein Wiener Musikkabarettist. Das Lied ›Zwei alte Tanten tanzen Tango‹ kam bei ihm richtig gut an, dann war er auch zufrieden. Also, man muss die Leute eben richtig einschätzen können, darauf kommt es an. Das Ganze ist übrigens auch sehr trinkgeldfördernd. Für eine Tour von 15 Euro gibt es dann 20 Euro und so weiter.«

Clemens hört selbst gerne alten Funk und neuere elektronische Musik, legt aber auf Wunsch des Fahrgastes auch Heavy Metal auf.

»Am einfachsten ist es natürlich, wenn man sich vor Konzerten platziert und dann auf der Rückfahrt etwas von den Künstlern spielt, aus dessen Konzert die Fahrgäste kommen«, erklärt der Taxifahrer. »Und dann gibt es auch Publikum, wo ich auf Klassikradio umstelle, klar. Warum ich das mache? Man berührt Leute mit der Musik. Und ich mache es, weil es mir Spaß macht.«

Taxischein

Startpunkt: In München
Taxifahrerin: Sigrid S., fuhr 4 Jahre Taxi,
davon 2 Jahre lang nur nachts
(siehe »Das Zwetschgenmanderl«)

Sigrid fährt zwar aktuell nicht mehr Taxi, erinnert sich aber gut daran, wie damals ihr Taxischein in München ablief und welche Schwierigkeiten damit verbunden waren. Vor ein paar Jahren ließ sie diesen nochmals verlängern und musste erneut zur MPU (Medizinisch-Psychologische Untersuchung) antreten.

Bei manchen Fahrern fragt man sich ernsthaft, wieso sie die Taxiprüfung bestanden haben. Mangelnde Orts- und fehlende Sprachkenntnisse, gepaart mit einer jämmerlichen Fahrweise, sind eine äußerst ungünstige Ausgangsposition für einen Taxifahrer. Aber wie läuft so ein Taxischein in der Praxis eigentlich ab?

Unsere altbekannte Sigrid erklärt: »Der Taxischein – des is ned einfach, ja. Also, es gibt die Ortskundeprüfung. Und vor allen Dingen man muass ja auch die MPU machen. Da gibt's Reaktionstests und Sehtests. Dann zeigen's dir für maximal a Sekunde a Bild. Und dann kommen die Fragen dazu. Es ist ja so, dass ma sich alles Mögliche anschaut, aber ned des, was die dann fragen.

Die wollen dann wissen: ›Ist des a befestigte oder unbefestigte Straße? War das a Rechts- oder a Linkskurve? Welche Fahrzeugtypen waren zu sehen? Bus, Bahn oder PKW? Sind rechts oder links Büsche?‹ Also, in dem kurzen Zeitraum muass ma sich unheimlich konzentrieren, um möglichst viel zu sehen. Ich frag mich auch manchmal, wie das manche fahrende Taxifahrer bestanden haben. Zu der Zeit, als i gfahrn bin, is auch a Kollege gfahrn, der hat zu den Gästen immer gsagt: ›Du sprechen – ich fahren.‹ Damals hats ja koa Navi gebm. Dem hat a jeda Fahrgast an Weg sagn müssen. Der hat koa Ahnung ghabt, wo was ist. Der hat nedamal an Hauptbahnhof gfunden!«, erklärt Sigrid und lacht schallend. »Manchmal fragt ma sich wirklich, wie manche zu ihrem Schein kommen. Ja, also i denk mir, dass da a anderer für den die Prüfung gmacht hat. Weil da is früher scho viel Schindluder getrieben wordn.«

Sigrid erzählt weiter: »Für die Ortskundeprüfung muass ma ja nicht jede einzelne Straße kennen. Aber ma muass knallhart auswendig lernen. Des Schwierige für mi war, wenn ma einen leeren Stadtplan bekommt mit den Straßen, auf dem nicht eine einzige Straße eingezeichnet ist, sondern nur die Straßenführung. Und dort muass ma dann einzeichnen, wie's von A nach B geht. Da kamma bei einer einzigen Frage scho 20 Fehler macha. Also, die Frage lautet dann: ›Wie ist der kürzeste Weg – weil da Fiaka muass immer den kürzesten Weg fahrn – vom amerikanischen Konsulat zum Westfriedhof?‹ Dann muass ma also Start und Zielort kennen und fünf Straßen benennen, durch die ma fährt. Des ist scho wirklich happig. Da falln a viele durch. Und wenn ma den Taxischein dann hat, nachad geht's ja weiter. Taxameter, Papierkram, Sicherheit. Des is scho a Wissenschaft für sich.«

Fundstücke

Taxis sind ein perfekter Ort, um etwas zu vergessen. Oft können sich die Zentralen vor verzweifelten Fahrgästen, die ihre vermissten Gegenstände suchen und ganz sicher im Taxi verloren haben, kaum retten. Die Fahrer sind laut Taxiordnung verpflichtet, die Fundsachen bei einer Taxistelle oder einem Fundbüro abzugeben.

»Mit Handys ist es ganz schlimm«, erzählt Taxifahrer Manfred. »Da hab ich jede Woche eins im Auto. Aber auch Laptops, Geldbeutel, Handtaschen und Schlüssel sind bei mir schon liegen geblieben.«

Neben diesen Klassikern gibt es bisweilen auch sehr skurrile Dinge, die im Taxi stranden, wie eine Studie von Acronis unter Münchner Taxifahrern ergeben hat. Hier wurden unter anderem eine Tüte mit frischem Fisch, ein Gebiss und ein Koffer mit Schlachtermessern genannt. Selbstverständlich verlieren Taxigäste auch im Ausland äußert bemerkenswerte Gegenstände. Hier eine Top 3 der erstaunlichsten internationalen Taxifundstücke:

Platz 3: In der taiwanesischen Hafenstadt Tainan blieb ein Taxifahrer auf einem **Sack dreckiger Wäsche** sitzen. Die Frau ließ das ungewöhnliche Fundstück mit der Bemerkung zurück, sie würde gleich zurückkommen, um zu bezahlen. Ihre Wäsche holte sie allerdings nie wieder ab.

Platz 2: In New York ließ eine zwölfjährige Cellistin im Kofferraum eines Taxis **ihre Armprothese** zurück. Die junge Musikerin, die das künstliche Körperteil dringend zum Cellospielen benötigt, hatte weder eine Quittung, noch merkte sie sich die Nummer des Fahrers. Glücklicherweise bekam sie ihre Prothese dennoch zurück.

Platz 1: Im März 2012 sorgte der Fall eines Pärchens in Bangkok für Aufregung, das **Schmuck im Wert von über 300.000 Euro** auf dem Vordersitz vergaß. Die verzweifelten Schmuckbesitzer konnten sich, als sie den Verlust feststellten, nur noch daran erinnern, dass das Taxi pink war. Davon gibt es in Bangkok etwa 20.000. Der redliche Fahrer gab aber alles den rechtmäßigen Besitzern zurück und wurde für seine Ehrlichkeit entsprechend belohnt.

Taxisprüche

Taxifahrer: »Wo soll's denn hingehen?«
Fahrgast: »Egal, fahren Sie mich irgendwo hin, ich werde überall gebraucht!«

Betrunkener: »Zum Bahnhof!«
Taxifahrer: »Wir sind doch am Bahnhof …«
Betrunkener gibt dem Taxifahrer einen 20-Euro-Schein: »Der Rest ist für Sie, aber rasen Sie das nächste Mal nicht wieder so!«

Älterer Fahrgast: »Sie müssen entschuldigen, dass ich Sie so schlecht verstehe, aber ich bin schwerhörig.«
Taxifahrer: »Ach, wissen Sie, jeder hat sein Päckchen zu tragen. Ich zum Beispiel sehe fast nichts mehr …!«

Fahrgast: »Muss ich mich hier anschnallen?«
Taxifahrer: »Nicht unbedingt, aber wer die Windschutzscheibe kaputt macht, muss Sie auch zahlen!«

Taxler: »Wenn Sie nicht sofort den Fahrpreis bezahlen, muss ich leider die Polizei rufen!«
Fahrgast: »Glauben Sie, die bezahlt für mich?«

Fahrgast: »Sind Sie mein Taxi?«
Taxifahrer: »Nee, ich bin nur der Fahrer. Das Auto ist immer so schüchtern und wollte lieber unten an der Treppe warten.«

Ältere Dame: »Rauchen Sie?«
Taxifahrer: »Ja, warum?«
Ältere Dame: »Trinken Sie auch Alkohol?«
Taxifahrer: »Sehr selten, aber hin und wieder schon mal.«
Ältere Dame: »Nun, dann bekommen Sie kein Trinkgeld von mir, dann geb ich Ihnen lieber eine Banane.«

Ältere Dame: »Sind Sie frei?«
Taxifahrer: »Jawohl!«
Ältere Dame: »Dann bitte ganz schnell ins Standesamt.«
Taxifahrer (bleich): »Nein, nein, so frei bin ich nun auch wieder nicht.«

Ein Taxi hält an einer roten Ampel. Als es wieder grün wird, überquert eine alte Dame noch sehr langsam die Fahrbahn. Der Autofahrer hinter dem Taxi hupt fürchterlich.
Der Taxifahrer steigt aus und sagt zu ihm: »Steigen Sie doch bitte bei mir ein, und fahren Sie die Frau über den Haufen. Ich bring's einfach nicht fertig!«

Sehr prominenter Fußballspieler selbstgefällig zum Taxifahrer: »Und, haben Sie schon öfter Prominente gefahren?«
Taxifahrer: »Außer heute eigentlich jeden Tag.«

Momentaufnahmen

»Genauso wird man nicht jeden Tag mit einem Messer bedroht. Das erste Messer hatte ich tatsächlich bei meiner allerersten Schicht am Hals. Dann kam ich ganz geschockt zur Ablöse. Meine Kollegen meinten dann nur: ›Ach Mensch, sei froh, dann hast du es jetzt hinter dir.‹ Und das stimmte auch, danach hatte ich fünfzehn Jahre Ruhe.«

»Wenn Menschen mit Charakter ins Taxi einsteigen, merkt man das sofort. Ausbildung, Status, Geld – das ist alles nicht wichtig –, aber am Charakter merkt man, dass es total andere Menschen sind.«

»Ach wissens, zu Weihnachten isses schwierig. Mein Sohn hat a Rolex, mei Frau hat a Rolex, i hab a Rolex. Früher hab ich 6 Taxis ghabt, jetzt denk ich mir – super – an 100er am Abend auf die Hand.«

»Im Taxi sind alle gleich, ob Ausländer, Politiker, Betrunkener, Promi, Frau, Mann, Schwuler, Hetero, alle gleich. Das gefällt mir daran.«

»Ich hatte auf dem Oktoberfest mal 'nen Fahrgast, der ist mit Maßkrug und Tracht bei mir eingestiegen und hat mir gleich 'nen 50er hingeworfen. Der hat sich dann dreimal ums Gelände fahren lassen, aus dem Fenster gelehnt und nur allen Wartenden zugebrüllt: ›Ich hab ein TAAAAXI!‹ Dann ist er wieder ausgestiegen.«

»Ich hab mal eine vornehme Dame aufgelesen, die hatte ein Problem mit ihrem Stöckelschuh. Ihr Absatz war abgebrochen, und sie hatte einen wichtigen Termin. Die ist dann barfuß eingestiegen und hat sich zum Schuster fahren lassen. Ich sollte draußen warten. Der Schuster hat ihren Stöckel wieder angeklebt, und weiter ging's …«

»Letztes Wochenende, da hatt ich so a Bierleiche im Auto. Aber da hat die Frau schon aufgepasst, dass der ned ins Auto speibt.«

»Mei an gröbern Ärger hab i a scho ghabt, wo ich eins auf die Schnauze kriagt hab. Wegen 13 Mark damals! Ich moan, da kann ma doch redn über so was …«

»Wir kriegen alle Leute – vom Müllfahrer bis zum höchsten Bundestagspräsidenten. Das ist schon was Besonderes …«

»Ja, also auf der Wiesn mit meim Taxi, da hab i scho mal an Zwischenstopp gebraucht. Da hab i dem Fahrgast gsagt: ›Du, wennst ma in mein Taxi speibst, da san 200 Euro fällig. Also, trau di bloß ned!‹«

»Was Gefährliches hab ich noch nicht erlebt. Aber aussteigen lass ich ab und zu einen, wenn der mir ned passt. Weil die gefährden ja dann den Taxibetrieb. Und wenn er ned freiwillig aussteigt, dann wird er zur Polizei gefahren. Aber die Fahrt muss er mir auch zahln.«

»Ich habe mit einem Kollegen zusammen angefangen. Nach der ersten Schicht rief ich ihn an: ›Und wie war es bei dir?‹

›Ja nicht so toll. Bei mir ist ein älteres Ehepaar eingestiegen‹. Dann meinte sie irgendwann: ›Otto, nun zahl mal‹, und der rührte sich überhaupt nicht mehr. Und dann war der einfach tot. Herzstillstand, einfach eingeschlafen.

›Und das bei meiner allerersten Taxischicht!‹«

»Manchmal sehe ich mich einfach als Zuschauer. Die Fahrgäste sind die Statisten und führen ein Stück für mich auf.«

»Was die Kollegen angeht, ist es ja so: Entweder man gehört zur Gruppe Bahnhofs- und Flughafenfahrer, dann redet man schon mal miteinander. Oder man gehört zur anderen Gruppe, die liest eben Zeitung.«

»Das Interessante für mich ist, dass man die Leute anders sieht. Bei den Krankenfahrten und der Dialyse lernt man Leute kennen, bei denen man weiß, dass die nicht mehr lange leben. Trotzdem sind manche wahnsinnig gut drauf. Und der andere hat sich den Knöchel verstaucht und jammert dir die Ohren voll.«

»Eine Taxiflucht ist gar nicht so ungewöhnlich. In Athen hat sich letztes Jahr ein Bankräuber als Sicherheitsbeamter ausgegeben und ist nach seiner Tat mit drei Säcken Geld bequem mit dem Taxi davongefahren. Der hat über eine Million Euro erbeutet. Sagenhaft, oder!?«

»Am besten ist immer, wenn sich die Unternehmensberater hinten zerfleischen. Die mobben sich derart hinten rum, das ist kaum zu glauben.«

»Ich fahr immer tags. Da hat man entweder Geschäftsleute oder Rentner. Die Rentner müssen zum Arzt oder auf den Friedhof. Oder wenn sie gut betucht sind, dann fahren sie zum Dallmayr.«

»Einen Kollegen hat die Polizei kürzlich erwischt, der hatte in jeder Hand ein Telefon. Auf der einen Leitung war seine Frau, auf der anderen ein Kunde. Gelenkt hat er mit den Knien und geraucht hat er auch noch. Ich glaube, der hat ziemlichen Ärger bekommen …«

»Promis hatt ich schon massig. Die wirklich guten Schauspieler wie Mario Adorf oder Loriot sind wahnsinnig nett. Die Soap-Schauspieler hingegen meinen immer, sie sind die ›Kings‹. Die sagen dann: ›Du, in das Restaurant kann ich nicht gehen, da hab ich keine Ruhe vor lauter Fans.‹ Dabei hab ich die zum Beispiel noch nie gesehen!«

»Manche Fahrgäste kann man nicht aufwecken. Da kannst du gegen ’nen Baum fahren, und die schlafen weiter.«

»Man erlebt jeden Tag etwas anderes. Manchmal steigen traurige Leute ein, manche erzählen Witze, wieder andere haben Depressionen, manche sagen überhaupt nichts. Aber genau diese Mischung gefällt mir.«

»Im Sommer bräucht ich ein Cabrio-Taxi.«

»Ich fahr auch viel mit myTaxi. Jedenfalls hat mich dann mal während der Wiesnzeit ein Kunde in die

Hans-Fischer-Straße gerufen. Ich Depp fahr da auch noch hin – das liegt ja direkt an der Theresienwiese. Und dann kommt ein ganzer Taximob auf mich zu. Mindestens zwanzig Leute haben steif und fest behauptet, dass sie es waren, die mich gerufen haben. Ich war aber auch saublöd …«

»Ich hatte mal ein Schweizer Pärchen im Wagen. Die waren total begeistert, wie freundlich hier in München alle sind. Immer wenn einer versucht hat, ein Taxi aufzuhalten, haben die gesagt: ›Schau, da winkt schon wieder einer.‹ Ich hab einfach gar nichts gesagt und sie an die Gastfreundschaft glauben lassen.«

Anhang

Danksagung

Vielen Dank an alle Taxifahrer! Ihr habt mit euren großartigen Geschichten, skurrilen Erlebnissen, schrägen Storys und lustigen Anekdoten ermöglicht, dass dieses Buch entstehen konnte.

Namen und Daten von einzelnen Personen sowie eindeutige Identifizierungsmerkmale wurden in gegebenem Fall zum Schutz der Persönlichkeitsrechte verändert, falls der entsprechende Fahrer vor Veröffentlichung nicht mehr für seine Zustimmung ausfindig gemacht werden konnte. Ähnlichkeiten mit lebenden Personen sind in diesen Fällen rein zufällig. Manche Geschichten wurden mir bereits vor einiger Zeit erzählt, deshalb nehmen Sie es mir bitte nicht übel, falls in Einzelfällen ein Detail nicht ganz richtig wiedergegeben sein sollte.

Mein besonderer Dank gilt Jessica Hein und Alexandra Baisch, dem Wilhelm Heyne Verlag, sowie allen, die mich auf unterschiedlichste Art und Weise bei diesem Buch unterstützt haben: Florian Weidenbach, Wilfried Bohne, Gisela Schinzel, Heinz Schinzel, Ariane Ammel, Tina Crail, Sheila Furlan, Matthias S., Michael Halberstadt, Dominik Neff, Sebastian Weidenbach, Petra Mühlbauer, Olivia Klug, Angelika Härr, Sylvia Klepsch, Patrick Bauer, Annemarie Wyman und Antonie Schuch.